"最美中国"丛书(第二版)

最美的风物

廖蕾 著

合肥工业大学出版社

图书在版编目(CIP)数据

最美的风物/廖蕾著．—2版．—合肥:合肥工业大学出版社,2017.12
(最美中国丛书)
ISBN 978-7-5650-3766-5

Ⅰ.①最… Ⅱ.①廖… Ⅲ.①景点—介绍—中国 Ⅳ.①K928.7

中国版本图书馆CIP数据核字(2017)第325275号

最美的风物

廖 蕾 著 责任编辑 朱移山 张 慧

出 版	合肥工业大学出版社	版 次	2011年12月第1版
地 址	合肥市屯溪路193号		2017年12月第2版
邮 编	230009	印 次	2017年12月第3次印刷
电 话	总 编 室:0551-62903038	开 本	710毫米×1000毫米 1/16
	市场营销部:0551-62903198	印 张	10 字 数 134千字
网 址	www.hfutpress.com.cn	印 刷	安徽联众印刷有限公司
E-mail	hfutpress@163.com	发 行	全国新华书店

ISBN 978-7-5650-3766-5 定价:30.00元

如果有影响阅读的印装质量问题,请与出版社市场营销部联系调换。

序

赵焰

一直以为，中国传统文化的精髓，从时间上说，是在明朝之前的。明朝之前，占据社会主流的，是清明理性的孔孟之道。崇尚自然、游离社会的道学，作为主流思想的补充，与儒学一起“相辅相成”、“一阴一阳”，使得社会主流思想具有强大活力。从总体上来说，中国文化的源头，无论是周公、老子、孔子，还是后来的诸子百家，比如说孟子、荀子、庄子、韩非子、墨子等等，都对人生保持清醒、冷静的理性态度，保持孔子学说实践理性的基本精神，即对待人生、社会的积极进取精神；服从理性的清醒态度；重实用轻思辨、重人事轻鬼神的思维模式；善于协调，讲究秩序，在人伦日用中保持满足和平衡的生活习惯……中国文化的源头如此，决定了汉民族的心理结构和精神走向，包括汉民族理想追求、文化风格以及审美倾向。

中国文化在明朝之前，占据社会主流的，是高蹈的士大夫精神。最显著的表现在于：人们遵从天地人伦之间的道德，有高远的理想，讲究人格的修炼，反对人生世俗化，鄙视犬儒的人格特征。从春秋时代起，中国知识分子一直以“修身齐家治国平天下”为人生使命，以追求道德、知识和审美为人生归宿。比如说孔子，从他的言语来看，更像是倡导一种人生价值观，追求人生的美学意义。又比如说庄子，他的学说，不像是哲学，更像是一种生活美学：道是无情却有情，看似说了很多超脱、冷酷的话，实际上透露出对于生命、本真的眷恋和爱护，要求对整体人生采取审美观照态度，不计功利是非，忘乎物我、主客、人己，以达到安详和宁静，让自我与整个宇宙合为一体。这种贯穿着士大夫精神的人生价值观，让人忘怀得失摆脱利害，超越种种庸俗无聊的现实计较和生活束缚，或高举远蹈，或怡然自适，或回归自然，在前进和后退中获得生活的力量和生命的意趣。这就是中国历代士大夫知识分子一以贯之的艺术清洁精神。英国大哲学家罗素曾经说：“在艺术上，他们（中国人）追求精美，在生活上，他们追求情理。”这是说到关键了。

中国人的生活哲学就是如此，一方面高旷而幽远，另一方面也连着“地气”，是自发的浪漫主义和自发的经典主义的结合。道家是中国人思想的浪漫派，儒家是思想的经典派。当东汉年间佛教传入之后，这种以出世和解脱为目的的宗教体系遭到了儒学和道教的抵抗，从而消解了印度佛教中很多寡凉的成分。经过“中庸之道”的过滤，其中极端的成分得到了淡化，避免了理论或实践上的过火行为。也因此，一种中国特色的佛教观产生了，佛教在中国更多变身为“生活禅”，变成一种热爱生活创造人生的方式。中国人一方面避免了极端的“出世”之路，另一方面，由于心灵的滋养、美智的开发，使得东汉魏晋，包括后来的南北朝、隋唐、五代十国以及唐宋元产生了很多高妙的艺术，“艺术人生”的观念也随之如植物一样葳蕤生长。可以说，这些朝代，是中国最具审美价值、最开人们心智、也最出艺术珍品的年代。也因此，很多艺术种类都在这个阶段达到了高峰，比如说唐诗、宋词、元曲、书法、绘画、音乐、舞蹈等等，它们洋溢着一种高蹈的精神追求，境界高远，洁净空旷，如清风明月，如古松苍翠。从审美上看，由于存有或明或暗的观照，存有人格与事物的交融，主题得到了提升，感悟与生命同在，境界与天地相齐，一种深远的“禅意”油然而生……从总体境界上来看，这一阶段的各类艺术形式，因为主题和境界的破对立、空物我、泯主客、齐生死、反认知、重感悟、亲自然、寻超脱等等，达到了各自的高峰。它们是最能代表中国文化精髓的。

中国的艺术精神到了明清之后，有低矮化的倾向。明清以后，由于社会形态的变化，专制制度进一步严酷；加上统治者出身和教育的局限，以及愚民政策的目的，整体文化和审美呈低俗化的倾向，社会和人生的自由度越来越窄，艺术的想象空间越来越逼仄，艺术作品的精神高度下降。随着“程朱理学”和科举制度的推行，人们的想象力、创造力被扼制，审美弱化，艺术更趋“侏儒化”、“弱智化”。大众普罗的喜好抬头，刚正不阿的风骨软化，崇尚自由、自然、提升的审美精神也在丧失。不过尽管如此，在明清时代的中晚期，那种崇尚自然、物我两忘的高贵精神仍时有抬头，一批有着真正艺术精神的独立艺术作品或有出现。尽管如此，士大夫精神已不是艺术美和生活美的主旋律，它只是一种空谷幽兰的生命绝响。

近现代之后，由于社会动荡，战乱连连，再加上西方现代化所导致的实用主义、功利主义的渗入，中国的文学艺术遭到了进一步摧残，传统的艺术精神更进一步沉沦。艺术的政治化倾向、实用主义倾向和世俗主义倾向抬头，这直接导致了真正的艺术精神缺失，艺术的品位下降，高蹈精神向世俗俯首，自然和自由变身为功利和实用，士大夫精神更是变身为犬儒主义。中国近现代上百年的屈辱和战乱，更使得中国自古以来高洁的审美观变得扭曲和肤浅：黄钟大吕变成田野俚语，布衣青衫变成了披红挂绿，古琴琵琶变成了锣鼓鞭炮，洁身自好变成了争相取宠，安详宁静变成喧哗骚动，幽默风趣变成庸俗不堪……如果说是与非、美与丑是人类最基本标准的话，那么，很长一段时间里，这种基本标准都在丧失，很多人已分辨不了是与非，也分辨不了美与丑。“文革”时期八个脸谱化的样板戏在左右着中国人的全部精神生活，这样的现象，又何尝不令人扼腕叹息！

如果说中国当代教育存在着诸多问题的话，那么，以我的理解，当代教育最大的问题，甚至不是传统丢失、精神扭曲以及弱智低能，而是在美育上的缺失。很多年来，人们丧失了一些最基本的判断，不知道什么是美的，什么是丑的；很多人将美当成丑，将丑当成美，从而失去了美的方向性。这一点，只要观察我们周围的人们，就可以得出结论——在我们的周围，到处都是对于生活没有感觉，对于美丑没有鉴别的人。他们所拥有的，只是功利，只是物质，只是金钱，只是对美丑的弱智的鉴别和判断。这些人不仅仅是一些教育低下的人，甚至一些貌似受过良好教育的人也是这样——他们虽然拥有很高的学历，有很好的教育背景，但在美丑的辨别力，以及对于艺术、心灵的觉察力、感悟力和理解力上，同样表现得能力低下、缺乏常识。这样的现象，实际上是我们多年以来的教育缺乏美育，缺乏精神导向的结果。一个人的审美，是与道德和智慧联系在一起的，审美的缺失，实际上也是道德和智慧的缺失。一个对美缺乏判断力的人，很容易在人生中缺乏动力和方向，也很容易被民族主义、法西斯主义、极端主义、工业主义所奴役，成为过度现代化的牺牲品。在很多时候，这种人不可能是一个丰富的生命，只是一架精神匮乏的机器。 现在，这一套由合肥工业大学出版社精心组织的“最美中国丛书”，似乎在某种程度上，弥补了一些“寻根”和美育上的缺失。这一套书的第一辑共十本，它们分别是：《最美的思想》《最美的品格》《最美的女性》《最美的诗歌》《最美的文辞》《最美的书画》《最美的宝藏》《最美的乐舞》《最美的风物》《最美的民俗》，旨在于“重建中国优美形象，重构华夏诗意生活”，通过对古代思想、伦理道德、文学艺术、风景民俗等的重新梳理，重新发现中国特有的美，倾情向世人推介这种美，以期真正的美得到传承。这套书知识精准，图文并茂，力求童趣与大美的融合，悦目和感人的统一。对于正在成长的青少年来说，这一套书，应是一个不错的选择，最起码它可以让人知道，什么是中国的最美，什么是中国真正的美。

上个世纪初，著名教育家蔡元培先生曾经提出过著名的“五育并举”教育方针，“五育”为：军国民教育、实利主义教育、公民道德教育、世界观教育、美感教育。其中，美感教育尤其有特色，蔡先生还以“以美育代宗教”的口号闻名于世。在蔡元培看来，美育是宗教的初级阶段，对于没有宗教传统的中国人来说，美育教育是一种基础，并且相对宗教，美育更安全，更普及，也更为人接受。通过美育，可以培育出道德是非的基础，培育出向上的力量。虽然蔡元培的这一观点引起过一番争论，但对于一个人来说，有美的熏陶，有对于美丑的正确判断，怎么都不能说是一件坏事。并且，美与是非，与善恶，与道德，与人类的心灵，与这个世界的根本，是联系在一起的。以对美的判断和感知为出发点，了解中国历史，了解中国文化，了解中国人曾经的艺术生活，了解一个民族的内心世界；从而进一步了解世界，了解世界的规律，与身边的一切做到和谐相处，都是大有好处的。

也许，这套书的意义就在于此。

目　录

雪乡：一起去童话世界

你那里下雪了吗？小的时候，大人们总是说：“下雪不冷，化雪冷。”其实，就算会被冻掉鼻子，一场雪的到来，也阻止不了我们的雀跃。

去看雪吗？去雪乡吧！一路向北，一起去童话世界。

若问雪乡在哪里，估计多半的人都会挠头。可要是说起林海雪原，说起杨子荣，更多的人一定是一副恍然大悟的表情，“哦，原来是那里。”雪乡的大名叫双峰林场，在黑龙江省牡丹江市，现在已经俨然一个偌大的童话乐园。因为，受山区小气候的偏爱，每年十月到第二年三、四月，这里的积雪厚达两米，苍茫森林，林场人家的袅袅炊烟，大红灯笼分外显眼，《中国国家地理》把它评为中国12月份最美的地方。

因为雪，现在的雪乡已经名声在外，摄影爱好者们从四面八方赶来，听他们的口音，脆弱的南方方言让人隐隐地担忧，冰天雪地，雪乡，需要有多美，才可以不辜负他们的不远万里。

在雪乡，基本上都是木制的老房子，大雪过后，就像是从雪地里长出来矮矮胖胖的“雪蘑菇”，厚厚的大大的蘑菇头。又好像是圣诞时迪斯尼的店铺，总感觉米老鼠和白雪公主马上就要笑盈盈地推门出来，手里拿着彩球、魔力棒……数不清的玩偶和礼物。

你正在愣神，这时候，门开了，从“雪蘑菇”里走出的是好客的东北大

婶，招呼着你进去暖和暖和。盘腿上炕，猪肉粉条东北话，满眼尽是大雪花。看着这窗外素洁的妖娆，心里是不是有什么东西在燃烧？若有胆量和兴致，就去看日出吧，不过，得提前向房东预订雪地房车，就是拖拉机上背了个面包车的车厢。

天不亮就要出发，月黑风高，正是好时候。冷，悄无声息地刺破重重冬衣，直抵肌肤，这凛冽让人没来由地兴奋。隐隐透着光亮的黑暗中，那些被雪、被雾、被霜包裹着的树，在寂静的山林里小声地唱着歌。也许，歌唱的并不是它们，是雀跃的心。这个时候，特别期待有太阳，想象着阳光洒下来，会有精灵翩翩起舞。

在雪乡，日出很迟，差不多得八点，太阳努力放出最耀眼的光芒，试图吻醒沉睡的村庄，却似乎还是冲不破晨霜寒雪无形的包围。晨曦中，所有的一切都带着淡蓝的光，北方早晨特有的寒气弥漫在四周。

直到九点，雪乡才被染上一层金黄色。这个时候的雪，多数未被踏过，还是最初的样子。村口的木栅栏在阳光的照射下，把影子拉得长长的，袅袅炊烟，环绕着，小山村欣欣然，睁开了眼。零星的，开始有驾着马车的当地汉子开始了一天的劳作，他们穿着长长的兽皮衣，头戴皮帽子，丝丝哈哈地呼吸着清冷的空气，睫毛上还挂着白霜，帽子围巾上全是毛茸茸的白，偶尔扬起手里的鞭子，威武地穿街而过，要是穿的一身红，便是活脱脱的圣诞老人。车辙曲曲折折，像是能工巧匠精心雕琢的作品。只是，不会留存太久，另一辆车驶过，或是游人杂沓的脚步，或是忽然旋起的一阵风，这作品又会另外一份景象。这是雪的国度里，另一种美妙的妆扮，透出单纯得难以言传的气质。

如果不徒步一段穿越，雪乡之行就略显平淡。站在雪峰之巅，一定能挖掘出蕴藏在雪乡山野中更多不为人知的美。去爬羊草山，从山脚到山顶，慢条斯理地走了三个小时。路上，或许会遇到几个从山的那边穿越过来的人，更多的时候，是拉着众多游人的雪地车从身边轰隆隆地过去，剩下的，就是无边的静和无边的冷，一路相伴。

山顶其实没有特别的景色，几棵小松树，青翠的枝条上压覆了雪白的一层，细细密密，似雪似冰。阳光穿过枝条照过来，有美丽的光晕。这细小的美，让人不敢出大气，怕化了。雪乡的辽阔中是有细致的，雪乡的细致中也足见辽阔。

雪乡的黄昏来得特别快，下午两三点就已日影西斜，远山和树林笼罩在一片宁静、橙红的氤氲里。随着惯性冲下山去，两旁积雪高可及膝，冰碴在脚下“吱嘎”作响，仔细听，已不是上山时的那篇乐章，更欢乐了些，隐隐约约，似乎还能听到轻快的口哨。可以像孩子一样连走带爬，甚至能就地打个滚，撒个野。在这纯白世界中，没有一个人会拒绝做个快乐的雪人吧。

回到村子，月光下的雪乡又换了一种颜色。村头村尾都点起了红灯笼，白天纯净的雪地，这时都现出了一种特别的红色，有些浪漫，又有些神秘。人们在温暖的屋里喝酒喧哗，一片热气腾腾，而屋外，雪花飞舞，贴着玻璃张望屋内的热闹。

你爱哪一个呢？温暖小屋里溢出的灯光，还是黑夜中广袤雪地的寂静？

哪一个都好，都是美丽童话世界。

长白山：飘渺的梦幻魔界

忘了是哪一期的《中国国家地理》，东北特辑，主题是“白山白黑水长，白山黑水好故乡”。尽管是冰天雪地，心里却觉得温暖。

于是，选择在一个冬天，去长白山。

长白山的美得益于亿万年以来的地质变迁。最初，这里是一片汪洋大海，后来由于地壳的上升，海水退出，地表重新露出水面。阳光、雨水、气候变化，再加上火山爆发和冰川的雕塑，才形成了我们今天看到的长白山。

去长白山，可以去天池，可以去瀑布，可以去温泉，可以去峡谷……我们选择的是长白山脚下的一个小村庄——红丰村。

红丰村南头蜿蜒流淌着一条河，叫奶头河。奶头河发源于著名的长白山温泉，大地用她的体温温暖皮肤表层的生灵，在红丰村这一段，河水常年不冻。当然，也有一个美丽的传说，说奶头河的河水是当年仙女佛古伦为了哺育年幼的爱新觉罗·布库里雍顺，将自己的乳汁化为河水。另有说法是因为上游修建的那两座小水电站。不管怎么是什么原因，我们看到的是一条普普通通的小河，因为河水终年不冻，变得不再普通。当气温到零下二十度的早晨，河水蒸腾出大片的水汽，附着在河中的枯树、杂木上，蜕变成美丽的雾霭，恰逢初升的太阳从晨雾中透出，把这里变成了人间仙境，摄影人赋予它一个充满想象的名字——魔界。

要想去魔界，得赶早，在日出前到达，静静守候。东北

的冬天多冷啊，跺着脚，搓着手，还能听到心脏扑通扑通的跳动。紧张，倒也未必，兴奋，那是肯定的。因为，接下来，就是见证奇迹的时刻。

天光放亮，魔界出现了。

眼前的这一弯碧波如雾如梦，远山、近村忽隐忽现，水面腾起的一团团水烟柔柔地拥你入怀。再真切一点，你就看到，那不再仅仅是雾，是灵魂的舞者，梦境的使者，她用自己的语言向我描绘着她的多情，她的神秘。没有人说话，所有人都屏住了呼吸，静得让你产生幻觉，隐隐约约地能听到美妙的乐曲，从天而来。小时候，看神话小说，尤其是《西游记》，孙悟空一个跟斗云就可以去云雾缭绕的仙境，隐隐的也是这样的仙乐。瞬间，有了穿越的飘飘然。

若单是雾，必然没有那样的感觉，那雾中的树，无论是高大的松树，还是那些矮小的叫不上来名字的枝干，它们坚挺的身躯，站着或是倒下，都在这个季节里努力地张扬着自己最后的生命色彩。

一切，都在这一刹那凝固，思绪、烦恼或其他；一切，又会随风而逝，除了心底的美好……有那么一种色彩，只出现在梦中，你无法描画她的绚丽，却只需张开怀抱；有那么一种思念，永不疲倦，早已飞越了万水千山，来到了你的身边……

寒冷冬日，奔袭千里，静静等待着她的到来，看奇迹出现，一如眼前的梦境，我们除了珍惜，还能做些什么呢?

盘锦：谁红了海滩

第一次知道红海滩是去年十月在一个朋友的相机里看到，那壮观的铺天盖地的红色真是令人无比震撼，不由惊叹，大自然真是太神奇了。

那时候，知道了这是辽宁盘锦。

红海滩，不是一年四季都是红色，在一到六月份的时候和其他的海滩无异，一到秋天，就会变红，随着气温的下降会越变越红，九、十月是最美丽的。

它，在辽河的入海口，在辽河三角洲的盘锦市赵圈河乡100平方公里的苇田湿地里，是著名的国家级自然保护区。在渤海之滨的这块20多平方公里的湿地苇丛中，栖息着丹顶鹤、黑嘴鸥等236种鸟类，399种野生动物。它以全球保存得最完好、规模最大的湿地资源为依托，以举世罕见的红海滩、世界最大的芦苇荡为背景，是一个自然环境与人文景观完美结合的纯绿色生态旅游系统。

那是一片多水无山、四季分明、平川百里的无垠沃野，有世界最大的苇海，有神奇炫目的红海滩，有云飞鹤翔的湿地沼泽，有辽河油田高耸的井架和海上钻井平台，有辽河入海的吞云吐雾，有一望无际的金色稻田。

每年三月间芦苇钻出地面，入夏翠苇摇曳，碧浪涛天，到了深秋，朵朵芦花飞雪，飘渺如烟。绵密的苇荡，把空气过滤得纤尘不染。漫步在芦园窄窄的栈道上，闭上眼做几次深呼吸，心肺似乎也被苇香洗得透亮。27公里长的拦海大坝，坝外蓝天、碧海、红滩，坝内草地、平畴、新村，沧海桑田。每年阳春三月，候鸟陆续南来，天空鸟阵如云，滩头水畔，莺歌燕舞，沼泽里的小鱼小虾小虫，构成了与鸟类相依存的生物链。这里既是我国丹顶鹤繁殖的最南限，也是迄今为止世界濒危动物黑嘴鸥最大的繁殖地。

茫茫苇海中架着一座14米高的放鹤亭，是观鸟的绝佳位置。

海的涤荡与滩的积沉，是红海滩得以存在的前提；碱的渗透与盐的浸润，是红海滩得以红似朝霞的条件。辽东半岛西临的辽东湾里，居然藏匿着这样一道奇观。没有五岳的盛名，没有九寨的幻彩，仅用一片红彤的赤诚，拂去行者旅途的尘埃。

织就红海滩的是一棵棵纤弱的碱蓬草，这种卑微纤细的珊瑚状小草是唯一一种可以在盐碱土质上存活的草。虽植株矮小却叶子繁密，每年的四五月份长出地面，颜色初为嫩红，然后逐渐加深，深秋时节才呈现令人意乱情迷的艳容。不要人撒种，无需人耕耘，一簇簇，一蓬蓬，在盐碱卤渍里，年复一年地生生死死，死死生生。人们总是惊讶于碱蓬草顽强旺盛的生命力，其实，它的根扎得并不深，却以其密集的根须紧紧抓住海滩上的每一寸泥土。惊涛骇浪可以吞没它，却不能卷走它。每一次海潮退去，它那滴水的红颜丝毫未减，形同火焰的绚丽。于光阴荏苒中，酿造出一片片火红的生命邑泽。

海滩从来不是肥沃的土壤，罕有植物能在这里撒欢儿，碱蓬草堪称神奇，因为它不仅要克服盐分的侵袭，而且还要容忍碱性的纠缠。让众多物种望而却步的盐碱地，成了碱蓬草燃烧生命激情的大舞台，把秋天的美艳推到了极致。

就像路铺好了，就有了车。碱蓬草像花一样绽开了，鸟儿就来唱歌跳舞了。天地间灵动的生命都是智慧的，它们无时不在追寻着丰饶的湿地。一旦找到了，它们必定教会下一代铭记这片带给它们美味和幸福的土地。

红海滩让丹顶鹤、黑嘴鸥等200多种飞禽铭记着，它们是以天空为家的最自由的生灵，大地上只有少数的几个生态特别好的地方能让它们稍作停留，所以它们就像绿色生态最公正的评委。

放眼望去，千万鸟儿在一片红色中尽情跃动，你能想象吗？就是这休闲旅游观光的胜地，曾经几乎救过一代人的命。据说上世纪60年代的“瓜菜代”岁月，红海滩也曾成为救命滩。滩边的渔民村妇曾采来碱蓬草的籽、叶和茎，掺着玉米面蒸出来红草馍馍，让红海滩的子民们免于饥饿。

碱蓬草，单看它，是多弱小啊，但是当成千上百万的它们聚集在一起的时候，当它们以同样的姿态和颜色呈现在人们面前时，那一瞬间大地只剩下一种惊艳和震撼。

这就是一棵草的弱小与伟大。

坝上：九月秋意浓

一抹未褪的绿，一笔羞涩的金黄，调色板上随心所欲地涂抹着，却在这秋天的坝上无法落笔，似乎所有的颜色都不能绘出坝上的美，坝上的九月。

坝上，是一地理名词，特指由平原陡然升高而形成的阶梯状地带，其独特的气候和植被，形成草甸式草原。现在，从河北张家口以北100公里到承德以北100公里的地方，统称为坝上地区。

资料显示，历史上的坝上草原，是游牧民族活动的大舞台。沽源是坝上六县之一。这块广袤的草原上，匈奴、鲜卑、突厥、契丹、女真、蒙

古等十多个民族曾在此繁衍生息。遥想当年，大辽女首领萧太后马踏金莲川，屯兵不返，经常骑着马，在这片北方的山林草泽间徘徊，双眼痴痴地盯着大宋皇都的方向，寻找着征服的依托点，最后抱憾而终；只有为她而建的梳妆楼，历尽千年沧桑，至今屹立在闪电河畔。直到另一个民族崛起，忽必烈挥刀策马从这里经过，诸路瓦解，皆莫能挡，艰难而又成功的

长途后，走进北京，定名大都。中国的版图成了世界最大的江山。

塞罕坝，在我国的辽、金时期，被称作“千里松林”，是清代皇家“木兰围场”。塞罕坝的原名是赛堪达巴罕，蒙语是美丽的高原。现在的名字，是蒙汉两种语言的合称，塞罕是蒙语，意即美丽；坝是汉语，意为高原。

史载，从康熙到嘉庆年间，清朝皇家到这里的木兰围场狩猎百余次。在这片曾经是皇帝围猎的土地上，传说都是彩色的。一次，康熙率皇族成员以及数万士兵，又来到了围场。可是这一次老天不作美，连日秋雨霏霏，围猎队伍行进缓慢，有人建议皇帝等雨停了再走。康熙看看天，说：“就是下红雨也得走！”刹那间，天真的下起了红雨。康熙不禁纳闷：“难道有什么东西想讨封？”话未落音，康熙眼前一亮：前面几步路外出现了一个小池塘，一只三足金蟾趴在池中的石头上。康熙暗惊，对金蟾说：“你若能让雨停了，朕封你为塞北灵验佛。”金蟾隐身而去，转瞬雨过天晴。康熙便下令在此修建了一座小庙，赐名“塞北灵验佛”，又称塞罕佛。据说此佛真的很灵，行人若是在森林里迷了方向，拜拜金蟾就可找到回家的路。

坝上草原天高气爽、芳草如茵，一年四季不同的季节都有不同的景色，春天群羊如云、骏马奔腾；夏天森林茂密、山珍遍野；秋天繁星点点、山峰如簇；冬天空旷如野、静谧温暖。

坝上的四季，我格外偏爱

秋。夏末的一天，天空忽然后退，云朵扶摇直上，原野变得格外开阔和高远。曾经氤氲温润的滦河源头，水汽凝结，草尖低垂，露水泠泠。风的曲线变得陡峭，凌厉地划过一只秋蝉的翅膀。风起处，满山遍野大块大块的墨绿倏然翻身，换成一袭苍黄的秋衣。坝上的秋天到了。

几场霜过后，草叶萎黄，纷纷伏在地皮上沉睡，而此时，漫山遍野的红松、云杉、白桦则抖擞精神，开始了它们生命中最绚烂的历程。

坝上的早晨，光影变幻，波谲云诡，常常谋杀摄影师们大把大把的胶卷。清晨的薄雾里，阳光慵懒地苏醒，嫩黄嫩黄的。向阳的坡上，那些五彩斑斓的色块明亮夺目，鲜嫩欲滴，就像一个个刚刚沐浴过的新鲜的生命。

到了中午，阳光变得力道十足，从清澈的天空俯冲下来，将草原照得通体发亮，山岭林间的色块更加热烈，似乎都要蒸腾起来，就像是雍容华贵的烫金画卷。

夕阳西下，草原很快便暗下来，山川肃穆，万物沉寂，周边山丘、森林只留下一个个朦朦胧胧的剪影，而满天的星星会悄悄探出头来。对于在钢筋水泥的丛林中待久了的城市人，能够远离刺目的灯光，远离喧嚣与骚动，一个人孤独地伫立于原野，抬起头与星光对视，是奢侈的享受，就好像自己已经变成了一颗小星星，很久很久以前就缀在了草原宽阔的胸襟上。

可这样秋天的坝上太短，小气候作怪，下霜后叶子才会转黄，告别夏季。可只要一起风，三天内叶子就落得差不多了，所以很难抓住。

好像突然明白了海子《九月》中的表达：“只身打马过草原，我的琴声呜咽泪水全无 。”

坝上，赋金以秋，自信而慷慨，“明月如镜高悬草原映照千年岁月”。

天津：狗不理和异国风光

天津，据说是中国唯一一个有具体建城日期的城市，它的生日是12月23日，距今已经有610年的历史。

这里是燕王朱棣到京城夺取王位时的渡口，起名为天津，意为天子渡河的地方。永乐二年（1404），天津正式设卫，故有“天津卫”之称。

天津地处九河下梢，是四通八达、贸易往来繁华的“大码头”，地理位置十分重要。所以新中国成立前一直是列强虎视眈眈的宝地，这里曾经是法、日、意、英等9国的租界。天津以其特殊的地理位置成为京师的门户，所以有“近代中国看天津”之说。

当我们民族的苦难需要一座城市去担待的时候，历史毫不犹豫地选择了天津。在清政府还沉醉在繁华旧梦中的时候，津门大沽口炮台上的男儿已开始和侵略者浴血奋战，他们的鲜血染红了战袍，也一次次地将这片土地的魂魄浸染得倔强刚硬。她不会选择北京，那时候的北京，已被遍布街巷的八旗子弟们雕琢为一座养尊处优的城市；她也不会选择上海，上海太繁华，太风月，她迷梦一般的眼神使刀剑的杀气迎刃而解，让它心软。

于是，天津成为了当时西方列强在中国建立租界最多的一个城市，各种要人及富人也涌入津门。一是为安全，二是为立业发财，三是住进设施齐全的小洋楼总比传统的四合院舒适方便。五大道地处英租界的黄金地段，人们便争相置地建房，毗邻而居，于是，这一带就成了天津名副其实的富人区。

那一座座久远而精致的建筑，仿佛在讲述着时代的沧桑。在这里，有着颇具特色的饭馆，有着异国情调的酒吧，但一切，似乎都与历史有着扯不断的结。在夕阳的余晖里看它们，总是透着淡淡的哀伤，仿佛有诉说不完的故事。我曾多次去过这地方，每次看到这片小楼，总会心潮澎湃，臆想出种种美丽的场景：古典的华灯，穿着中式旗袍的贵妇，蕾丝花边衣裙里一个玲珑的小姑娘欢笑着，童稚的声音在别墅精美的楼梯上回荡。

这些小洋楼几乎都有着数十年至一百年历史，建楼的主人们，多半已不复存在，可是，有的小洋楼却以主人们的名气和轶事引起当代人浓厚的兴趣和遐想。马场道与河北路交界的“疙瘩楼”，是京剧名角马连良的故居。此外还有溥仪住过的张园，清代太监小德张的公馆，以及孙传芳、曹锟、徐世昌、顾维钧等一大批北洋军阀、军政要人的公馆，文化医学界名人严修、方先之、范权的宅邸等，每一座旧宅，都被蔓藤缠绕着，在日暮的夕阳照射下，映出淡淡的青黑色的光……

像上海的外滩、青岛的八大关一样，天津的西洋风格建筑独树一帜，在这些构造奇特的建筑里，百年风云中，仁人志士、军阀官僚、阔佬遗少、三教九流演绎了多少历史故事。难怪毛主席也说：北京四合院，天津小洋楼。渐渐地，对于天津人来说，“万国楼台”不再被视作过了时的昔时遗物，相反渐渐成了这个城市的标志了。即便被现实的阳光抚摩着又被历史的枝叶覆盖着，但城市的性格、气质、喜悦和忧伤都烙在这个建筑的皮肤上了。

人们对于天津历史的认知仿佛定格在了近代，定格在了一座座小洋楼上。但是在仿古文化街上你可以找到天津最原汁原味的中国文化，无论是庙会上的糖人，街边的杨柳青年画，长衫大褂、扇子醒木的传统相声，还是最传统的天津小吃，都传递着这座城市的另一种风情。

天津人爱吃、会吃，也舍得吃，从嘛季吃嘛货，到嘛菜配嘛料，天津人琢磨到家了。十八街麻花、耳朵眼炸糕、猫不闻饺子，另外还有八大碗、四大扒为代表的天津传统菜肴以及大饼鸡蛋、煎饼果子、贴饼子熬小鱼、锅巴菜等等。当然，也一定少不了著名的“狗不理”。

天津“狗不理”包子名扬中外，如果在天津不吃正宗的“狗不理”就不算到天津。“狗不理”包子铺原名德聚号，已有百余年历史，店主高贵友，他的乳名叫狗子。因其父40岁得子，为求平安养子，故取其名。德聚号的包子好吃关键在于选料、配方及搅拌、揉面、擀面都有一定的绝招儿，特别是包子褶花匀称，每个包子都不少于15个褶。包子很受顾客欢迎，生意越做越火，狗子卖包子忙得顾不上与顾客说话，人们取笑他：狗子卖包子，一概不理。日久天长，喊顺了嘴。包子出名了，高贵友的大名反倒被忘记了。离德聚号不远恰有一座兵营，那带兵的将领有一天慕名来吃包子，果然可口。于是他灵机一动，给当时的直隶总督袁世凯送了两

大提盒。袁世凯品尝后，亦觉味道不同寻常，故又派人提了两盒进了北京紫禁城，请慈禧太后品尝民间野味。据说慈禧吃着很是可口，就经常派人买狗不理包子。从此，狗不理包子也就身价倍增了。

天津，就是这样。表面上看，天津在中国的直辖市中是最没有特点的一个，既缺少北京那种宏伟大气的庄重，又没有上海那种城开不夜的繁华，也不像重庆那样山重水复，诡谲多姿。

可是，天津，是独一无二的天津，既有异国风光也有狗不理。

这就是笼罩在皇城根儿的阴影底下，低调的散发着小小性感的天津。

什刹海：老北京之魂

我是喜欢北京的，喜欢到可以忽略春天的风沙和恐怖的堵车。

作为首都，北京太频繁地出现在我们的视线里，和所有人有关，又不属于任何人。北京，就好像一个人，是独立的，任你千姿百态，他自岿然不动。我喜欢他这样，而这其中的绝大部分是因为——什刹海。

关于什刹海不需要太多的介绍了吧，都说“先有什刹海，后有北京城”。不同于故宫长城，不同于鸟巢天坛，这里，是北京的魂。

什刹海浓厚的北京味儿，藏在碧湖绿柳间的清新里，藏在灰砖黛瓦间的严整里，藏在鸟笼棋局间的闲适里。这个味儿，那真是从容不迫、丝丝入扣而又气度非凡，是不历经千年洗礼所不能得到的。

去什刹海，我喜欢从烟袋斜街过去，看到这个名字就觉得有趣。据说，当时居住在北城的旗人，都喜欢抽烟袋，所以这街上就有了不少烟袋铺。除了这个呢，烟袋斜街本身就像只烟袋，细长的街道好似烟袋杆儿，东头入口像烟袋嘴儿，西头入口折向南边，通往银锭桥，看上去活像烟袋锅儿。这么说来，用"烟袋"命名斜街，真是名副其实了。

烟袋斜街的名字越叫越响，一直流传到了今天。现在的这条街，早就没有了卖烟袋，尽是琳琅满目的商店、酒吧、咖啡屋，光怪陆离的现代艺术冲击着这条古老的胡同，即使如此，可还是抹不去老北京独特的气质。

停靠在胡同口的三轮车，像老北京的冰糖葫芦，长长的一串。车篷或红或黄，背面统一漆着“To the HuTong(到胡同去)”。

黑色车身，黄铜车把，橙黄的绣花坐垫，锃亮的电镀瓦圈，透着那么一股精气神。车夫一般上身黄坎肩，下身收脚裤，足蹬“千层底”，把毛巾往肩上一搭，上车一声“坐稳了您呢”，使出脚力，在胡同中飞起来。这里的三轮车夫，大多是老北京，一口地道的北京腔儿，张口明清，闭口民国。到了恭亲王府，就讲给你听和珅的事儿；路过醇亲王府，他又讲溥仪继位。外地来的游客啧啧称赞：“在皇城根儿下住着就是不一样！”丁零零——清脆的铃声和着车夫“借光了您呢”的吆喝声，由远及近又由近及远。这一串串车流就像一条条流动的彩练，飘忽在胡同里，点缀于绿叶老槐间。

响晴的天儿，碧蓝的湖，遛鸟的大爷，晒太阳的老太太。数百年来，上至皇亲国戚，下至普通百姓，在什刹海两岸的胡同、四合院繁衍生息，书写着老北京的历史，积淀着老北京的风土人情。这一带有很多名人故居，宋庆龄、郭沫若、梅兰芳、张伯驹、梁漱溟……那些听来如雷贯耳的名人在这里生活的时候，朴实得一如你我的邻居。

就拿恭王府来说吧。

“一座恭王府，半部清朝史”——走过230多年的这座大宅院，有这样一句精炼的概括。从乾隆朝的和珅宅第，到嘉庆朝的庆郡王府，再到咸同光宣朝的恭亲王府，高墙隔开了绝大多数人的好奇窥探，戏说和掌故却让人欲罢不能，在这个大宅里究竟发生过怎样的故事?

清王朝覆灭，恭王府的正宫门就此闭合。直到2008年8月20日，总投资高达2亿元、150年来最大规模的修缮工程终于完工，恭王府府邸，这座京城现存最完整的王府建筑群，首次向公众全面开放。

“月牙河绕宅如龙蟠，西山远望如虎踞”。东西分三路，南北呈五进，是世界上最大的四合院。府邸最深处横有一座两层的后罩楼，里面有108间房，俗称“99间半”。这是和珅的“藏宝楼”，藏宝楼后墙上共开了88扇窗户，造型各不相同，每扇窗户都对应了不同宝物，和珅只要一看窗户，就能明白那里藏了什么。当年，嘉庆皇帝在和珅抄得家产折合白银约9亿两，相当于国库十几年的总收入，于是就有了“和珅跌倒，嘉庆吃饱”的说法。

恭王府花园的假山里，藏着一尊康熙皇帝所书的“福”字碑，号称“天下第一福”。康熙十二年（1673），孝庄皇太后六十大寿将至，不料突染重病。为给祖母祈福，康熙一挥而就这个“福”字，暗含了“子、才、多、田、寿”五个字，寓意“多子多才多田多寿多福”。据传，孝庄太皇太后自此百病全消，最后以七十五岁高龄得以善终。康熙皇帝极少题字，所以这个“福”特别珍贵。谁想到，乾隆年间，这块大清之宝却神秘失踪了，传说是和珅将其偷偷移至府内作为镇宅之宝。现在这块“福”字碑已是国家一级文物。

说起恭王府，还有一种说法，和曹雪芹有关，和《红楼梦》有关。

当年红学家周汝昌、越剧表演艺术家王文娟陪同周恩来总理视察恭王府花园，正巧路过荷花园、怡神所等处，周汝昌认为这几处景致与《红楼梦》中描写的大观园有几分相似。直到现在，还有很多红学家认定曹雪芹来过恭王府，这里就是大观园的原型。

当然了，对于我们来说，这其间的关系也许不那么重要，因为就在那次视察中，周总理说，不管恭王府是不是大观园，都要保护开放。直到总理去世前，特地把谷牧叫来，嘱咐了三件事，重建恭王府，成为与建设国家图书馆、琉璃厂并列的三个遗愿之一。这才有了22年后这个世界最大的四合院揭开神秘面纱。

墙外一箭之地就是后海喧闹不已的酒吧，扶疏的花木、精巧的池塘和被灯光打出的闪耀和昏暗，筑起了另一个世界。

黄昏，银锭桥吸着炊烟，人们从喧闹的大街拥挤到这里，等待灯光、音乐和酒点亮夜晚。喧嚣、繁华、世俗和静谧、闲适、淳朴，一起演绎着一个看不来不同、骨子里不变的什刹海。

所以，这里是什刹海，北京的什刹海。

798：不一定能看懂的艺术

在北京，有个叫做798工厂的地方。

这里，最早是北京郊区的一片洼地。20世纪50年代，在苏联、民主德国援建下，这里耸立起了一座代号为“798”的大型军工企业。80年代起，这个工厂开始衰落，逐渐进入半停产状态，职工从2万人递减至不足4000人，很多厂房闲置。1996年，中央美术学院雕塑系的师生租用了一个仓库作为临时创作室，开了798厂从工业区走向艺术区的先河。此后，因为798独特建筑风格和相对低廉租金，不同风格的中外艺术家群体滚雪球般而来，到2003年四五月份，798已经初具艺术区雏形。

也是在2003年，“再造798”、“蓝天不设防”、“中德当代艺术展”等一系列大型活动的举办，使798由一个纯粹自发形成的艺术区走入公众视野，再加上人大代表的呼吁，使得798原定于2005年底彻底拆迁的命运就此改写。

通往798的路口，隐在一片普通的住宅楼群中，并不起眼。路两边的小卖店、办公楼、遛狗的老人、唠嗑的大妈都丝毫没给人们特别的感觉，连大门，也与一般的工厂单位并无二致。只有站在路口的大幅导览图、区内艺术机构的标识牌，提示来访的人，这里便是798了。

清一色的老旧砖墙，方方正正，外表平淡，清冷中自有一种朴素大气的美。当三里屯的真粗糙和后海的假精致被熟腻之后，它以一种承载着历史的空间感令发现者眼睛闪亮。这些年，当今最活跃的先锋艺术家们把它慢慢打造成今日北京的一张脸。

798的骨骼是工业时代的产物，站在厂区北部主街上放眼望去，半空中是盘匝弯曲的巨大的钢管，废弃的机床、生锈的铁门随处可见，斑驳的电线杆和如麻的电线诉说着工业时代的传说，还有两个巨型的锅炉仍在“怒吼”着坚持在自己的“岗位”。一间间画廊或是艺术工作室就以各种形态点缀在这些工业“怪物”中间。先锋艺术的气息蔓延在各个角落，而与此同时，还有一些传统的艺术画室就在这样的气息里，见缝插针，展现着对艺术的不同理解，以不同的方式追求着殊途同归的艺术理想。而它们彼此之间比邻而居，星星点点地发扬着自己的文化风格，让游人体验着一种差异的融合。

仿佛在一夜之间，798成了时尚的代名词，成为了流行语，逐渐从“狰狞恐怖的雕塑和空旷老旧的工厂厂房”过渡到“充满着各色游客的旅游景点”。这几年，酒吧、咖啡馆和餐馆逐渐增多，还有几家商店和书店，餐饮娱乐消费功能齐全。但在这里，有一些餐馆酒吧与其他地方不同，他们的老板大多数自己也是艺术家，于是在他们的“领地”里，依旧洋溢着整个798的多元风格，让

商业和艺术在自己这个小小的空间里完美地结合。

旧彻底旧，新彻底新，旧中含新，新中有旧，过去和未来在同一个空间里凝结。多种时空的凝结，这正是798的魅力。

看历史的痕迹、看时尚的跃动，看先锋的探索、看传统的阳光，看工业的遗产、看商业的繁衍，看不同人的生活，看多种元素的冲突和共存，满墙的涂鸦、夸张的雕像、怪异的图画。也许，我们不一定看得懂，却流连忘返。这便是798的魅力！

额济纳旗：行走在天堂与地狱之间

有这么一句话：如果你爱一个人，就带TA去看额济纳旗的秋天，因为那是天堂；如果你恨一个人，就带TA去看额济纳旗的春天，因为那是地狱。

额济纳旗是一片神奇的土地，冬日奇寒，夏日酷暑，春天的这里则是赫赫有名的沙尘暴的起源地，但是在神奇的秋天，这里是一片金色的梦幻国度，甚至每一片落叶、每一波水纹都是梦境。

从海拉尔出发到额尔古纳的莫尔道嘎森林公园，途中会经过一段长长的“白桦林长廊”，树叶沙沙作响，山林色彩层次分明，有淡淡的红，有浅浅的黄，还有翠色樟子松点缀其间，油画一样的绚丽色彩让人怦然心动。像是画家一转身间，打翻了调色盘，于是美丽的颜色肆意泼在了内蒙

古的土地上，惊心动魄的色彩最是打动人心。

到了额济纳旗河岸，便到了胡杨的王国。这里红叶浓荫，掩映牧舍羊群，曲折绵延数十万亩，生机勃发，成为大漠里的桃花源。

胡杨是中亚沙漠地区唯一适合生长的乔木，它是大自然漫长进化过程中幸存下来的宝贵物种。在库车千佛洞和敦煌铁匠沟的第三纪古新世地

层中部发现过胡杨的化石，算起来至少也有6500万年的历史了。《后汉书·西域传》和《水经注》都记载着塔里木盆地有胡桐，也就是胡杨。维吾尔语称胡杨为托克拉克，意为“最美丽的树”。因为它惊人的抗干旱、御风沙、耐盐碱的能力，能顽强地生存繁衍于沙漠之中，因而被人们赞誉为“沙漠英雄树”。相传胡杨树有三千年寿命：活着三千年不死、死后三千年不倒、倒后三千年不朽……

额济纳旗被称为胡杨树的故乡，是世界上仅有的三大胡杨林之一。

每年十月初，一场寒露过后，一夜之间胡杨林魅力尽显，在蔚蓝的天空下，在广袤的戈壁沙漠中化作一片绚烂。这颜色透明、夺目，又如此奢华无忌，让一切语言在它面前显得那样苍白无力。每片叶子在生命的最后一刻绽放出了耀眼的璀璨，那是一曲生命的挽歌，凄美而壮丽，寒风乍起时，一树的绚烂又化作了满地的金黄。那一定是“天堂”里的色彩，是胡杨在耗尽自己全部的力气唱一首生命的绝响。

曾几何时，一部《英雄》让深藏闺中的额济纳旗比翼扬名，那漫天飞

舞的黄叶和至纯至净的绚烂金黄曾令多少人心醉神迷。许多人不远千里追寻而来，黑水河畔，弱水三千的古居延城以其超凡脱俗的独特秀美又一次吸引了世人的目光。

到了额济纳旗，绝不能错过看居延绿洲上我国境内最大、最粗、最老的胡杨树。相传这是在300多年前，土尔扈特人来到这片绿洲放火焚烧森林之后，唯一遗留下来的毫无损伤的一株，土尔扈特人因此深信这棵树得到了神灵的保佑，便将它奉为神树。它高27.5米，胸径6.5米。虽然经历了880多个寒暑，依然枝繁叶茂，青翠挺拔。神树有一个大大的“耳朵”，据说只要趴在上面，默默告诉它你的心愿，心愿就会实现……

除了惊艳的胡杨林，额济纳旗的黑水城也是绝对不容错过。坐落在额济纳旗政府所在地达来呼布镇东南25公里的沙碛中，始建于西夏王朝， 后来被成吉思汗铁骑攻陷归顺元朝， 明朝后由于北元政权以这里为基地不断骚扰明朝边境军民，朱元璋派大将军冯胜把这里一口气给灭了，又举城搬迁。从那时候开始，黑水城便成了一座被遗弃的空城，再历经700多年的风沙洗礼， 现在只剩断瓦残垣。

走进城中，漫无目的地游走，不时能踢到瓦砾、枯树和发白的牛骨。风越来越大，吹起的沙粒轻时就像一阵烟雾，狂乱时就像飞起的旋涡。城外的四周的黄沙千年不停地向黑水城进攻，如果不是政府保护，估计早已沦陷被深埋沙下。

到黑水城，不能不去怪树林。走进怪树林好像真的走进了一个战场，胡杨千姿百态的造型在这里体现得淋漓尽致，有的直刺蓝天，有的弯曲盘旋，还有的轰然倒下，散落了满地的树干，裸露的枯根在空中扭曲着。你就算不会摄影，只要会按快门，就能在这片怪树林拍出佳作。

关于怪树林，还有一个传说：黑水古城是一个600多年前突然一夜之间灭亡的城。有个外国的传教士马可·波罗在到访中国后将黑水城的繁荣和到处是宝贝的故事写进了他的游记中，外国佬夺宝心切，派了几支队伍一次次寻宝，黑心的领队为了把自己在黑水城得到的宝贝运回国，又一次次地侵入黑水城，最终，决定屠城。当时守城的猛将叫黑将军，誓死保卫整座城，大战了几天几夜。他对黑水城的公主说，救世者会骑着白色的骆驼来救他们。黑将军奋勇守了三个月后由于资源匮乏，最终决定带着三千将士奔出城门与敌人决一死战。骑着白骆驼的救世者没有出现，三千将士与黑将军最终阵亡了。死后一起变成了这片胡杨林，永远的守护着这座城，而这座城也被淹没在黄沙中。据说，怪树林的树，就是黑将军和他的将士的化身。

俊秀谐美的胡杨树，古怪陆离的怪树林，神秘古老的黑水城，牧人顶礼膜拜的神树，浩瀚的荒漠，汇成额济纳美丽的风景线。额济纳旗虽然不是我们温馨的家，仍然让人难以离去，因为它给了我们天堂般的幸福和地狱般的磨砺。当一位我们不只用眼睛，也用心灵去感受的时候，额济纳旗就是最好的目的地。

额济纳旗，就是这样一个行走在天堂与地狱之间的地方。

平遥：远逝的“华尔街”

平遥，史称古陶，相传为帝尧的封地。春秋时为晋国属地，战国时属赵国。平遥县的行政建制，始于秦代的平陶，汉置中都，北魏年间因避拓跋焘名讳而改名为平遥。现在看到的平遥城墙，修筑于明代洪武三年。

平遥城墙周长约6200余米，高约10米。平遥共开6门，南曰迎熏，北曰拱极，上东门太和，下东门亲翰，上西门永定，下西门凤仪。

在明清500年间，这道城墙围着的是全国的金融重地。在许多人眼中，平遥古城与晋商是紧密地联系在一起的，而在更多人的心目中，晋商几乎可以与票号画上等号。在平遥最繁盛的西大街上，有着中国第一家票号——“日昇昌”，人们开玩笑说这是中国银行的“乡下祖父”。

道光三年，也就是公元1823年，中国第一家专营汇兑与存放款业务的票号诞生。票号的名称取自“如日初升，繁荣昌盛”之意，过去商家的幌子是竖挂的，“日昇昌”三字从上往下看就是“日日升日日”，多好的口彩。从此以后，票号如雨后春笋般地出现。据说，中国的51家票号，其中有22家出自平遥，他们控制着全国80%的资金流向。

西大街，因为票号的集中而成为中国的华尔街。

“日昇昌”的后院里，悬挂着光绪皇帝所赐的匾额——汇通天下。但也正是在这个时候，“日昇

昌”以及山西票号业甚至整个晋商都开始走向衰落，时局的变化、经济的发展以及自身墨守成规、缺乏应变的不思进取，使他们昔日的雄风消散在历史的云烟中，让后人只能从故纸堆与老房子间追寻他们远逝的风采。

巧得很，中国第一家票号与最后一家票号都出自平遥，他们就在这西大街上面对面地隔街相望，中国票号从起源与繁荣走向衰落与消亡的历程，其最形象的直线距离，就是这条西大街的宽度。

街市依旧，繁华依旧，所不同的是人们的现代装束与流连于此的游客。从青石板路面上走过了一个个悬挂着工整汉字匾额与大红灯笼的店铺，眼前市楼的过街门洞仿佛就是时光隧道的入口，刹那间，时光为之倒流，几百米的长街，却在恍惚之间仿佛走了几个世纪。

如今，灰色的城墙包裹下，大多民居都已显破败，当地人也没有翻新的意思，就在历史的被窝里安稳地睡着觉。小巷里经常可以看到流浪的猫猫狗狗，大摇大摆地穿街越巷，连车都要给它们让路。城里住的大多只剩下老人和小孩了，还有一些在城里做游客生意的中年。老人看守着门面狭小的杂货铺、面包店、小超市，卖黑豆芽的老大叔，卖奶油软麻花的老奶奶，在城根下叫卖水果的老哥俩，还有带着小孩散步的爷爷，蒸白面的大娘……

用脚步穿越过它的大街小巷，用手触摸它陈旧的门梁，用眼睛见证这里的黑夜白天，用味蕾去品尝这里的酸甜辛辣，用耳朵去倾听城里人上扬的平遥口音，用鼻子去呼吸这里漫溢在老舍间的小吃的香味，但是也好像还是不够，不够，不够去领略它真正的一切。或许它的厚重还隐藏在更遥远的过去，得用心去听历史的细言细语 。

也许，没什么好感叹的。可美人迟暮，廉颇老矣，微如一己之芥，朱颜辞镜花辞树的悲哀还让人唏嘘不已。更何况，这是一座城池的苍老，是一个，晋商王朝的没落。

碛口：黄河风情画

从未想到过黄土高原的大山深处，竟有如此一番悠然景致。

碛口，古镇依黄河而建，位于晋陕峡谷的中部，吕梁山的南麓。碛口又名大同碛，因为黄河几百米米宽水道流至湫水河入口处，受阻于麒麟滩，水道骤窄至几十米，同时伴有险滩，形成“碛”（碛，水中的沙石）。大同碛，据称是“二碛”，中国第一碛就是闻名于世、有中华象征意义的黄河壶口。

碛口是当年的水旱码头，百十年前那是相当的富足，黄河航运曾经带给了小镇无穷的财富。“物阜民熙小都会，河声岳色大文章”。古镇繁荣昌盛之时，每年仅从内蒙古河套的磴口发到碛口的船就足有上万艘，再加上五原、包头、托克托、府谷的木船和皮筏子，每天都有上百艘船和筏子从上游下来，在这里停泊，并列五六排，绵延好几里。只是，随着岁月流逝，碛口变得贫穷而冷寂，风光不再。 留下那些老店铺、老字号、老房子……

当年，这里每天大概都会有几百个苦力，忙忙碌碌上上下下，把水上运来的各种货物先卸到驳船，再泊到岸上，最后再跳过踏板，把货物扛到镇上的货栈里去。那时候，码头上空“杭育杭育”的号子声肯定是响成一片，回荡在山水之间。今天虽不再听到，然而古栈道、古巷道的石板上，那些码头工辛劳所压磨而成的个个足印，却仍在诉说着岁月年华。它们让我心生并弥漫起复杂情愫。

西湾民居是碛口辉煌时期经济力辐射

所及的村庄之一，前傍湫水河，后依眼眼山，村不大，窑院层叠，显得紧凑整齐精致。它不同于巨商府第乔家大院，也不同于世代京官所建的王家大院，它是碛口陈氏商人的“家属宿舍”。当时商人家里都占有大量的土地，子女们也有求得一官半职者，所以说西湾是综合的封建大城堡。

西湾民居群坐落在30度的石坡上，占据着长约250米，宽约 120米的狭长地带，总面积3万平方米，属全国面积最大的明清民居之一。村内建筑层晨叠置，空间和平面布局丰富多彩，最高处可达六层。以体现金、木、水、火、土的5条石砌街巷，将40余座宅院连为一体，四周则以高墙围护，形成了一个庞大的城堡式封闭空间。村子仅在南面留大门三座，寓意“天，地、人”，应该是道家“天人合一”哲学观的体现吧。

这样一个构思奇巧的明清建筑群，始建于明末。据《陈氏家谱》载，始祖陈先模，字师范，于明朝末年从方山县岱坡山迁至西湾，当时西湾北二华里是繁华的候台镇，是集市贸易的中心；南二华里，是黄河码头。陈氏先祖择选了这样人杰地灵的有利地形，又持家有道，艰苦创业，到了第四代“三”字辈，已成了巨富，陈三锡则是其中的佼佼者。

陈三锡生于康熙二十四年，在世的74年间，正值康乾隆盛世。陈三锡幼年入塾，苦读经书，乡试不第，投入商界。娶妻薛氏，乃延安府静边县训道薛国梁之孙女，亦知书达理。陈三锡有这样的内贤相助，先在碛口与候台镇之间搞货物转运生意，后跑南闯北做大宗生意。正是而立之年，碛口周边大闹灾荒，陈三锡就利用黄河水运，从包头买回莜麦、谷物等粮食，在碛口就近设肆，薄利卖给穷苦老百姓。他还从招贤买了两面大锅，设灶熬稀粥，赈济乞讨者。山西巡抚悉知其之恩德，奏请皇上，赐汾州府后选通判。

至此，西湾陈氏家族在碛口大兴土木，成为碛口繁荣昌盛的创始人。

而在西湾村东面，也大兴土木，建造华丽的住宅，这就是东财主家的发迹之初。后来西财主家也在西面修建，相互攀比，越修越阔气。东西两财主历经11代苦心经营200余年，才成就闻名遐迩的西湾村。

漫步在碛口的长街，石板琐碎细腻，泛着清幽温润的光，是被时光长久揉搓的。阳光照进来时也变得懒洋洋的，慢慢地顺着毛石墙一点一点地爬着。顺着无人的街道，沿街低矮的窑洞里偶尔传出母亲与刚醒的小孩的嬉笑声，不知不觉地放慢放轻了脚步，生怕打扰了慵懒的小镇。一个人，很闲适地漫步，是街边小巷那些可爱的小狗，它们打闹着跟随着陌生的我，将我从悠远、深沉的历史带回到现实。

夕阳西下，洗去一天的风尘仆仆，坐在屋前的平台上看着暮色渐渐来临，对岸的山变了剪影，远处的碛口险滩也因天色暗淡貌似温柔起来。

起风了，带着小镇的岁月沧桑扑面而来。

兵马俑：嘘，他们在说话

有句话说：二十年中国看深圳，一百年中国看上海，一千年中国看北京，而五千年中国则看西安。西安与雅典、罗马、开罗并称为世界四大古都，从公元前11世纪到公元10世纪左右，先后有13个朝代或政权在西安建都及建立政权，历时1100余年。

那么，看五千年中国的西安，要看什么呢？当然是秦始皇兵马俑。

雅克·希拉克说："世界上已有七大奇迹，秦俑的发现，可以说是第八大奇迹。"

基辛格说："这是世界上独一无二的奇迹。"

蒙代尔说："这才是真正的奇迹，全世界人民都应该到这里看一看。"

兵马俑们默默地站着，一如他们两千年来那样，静静地聆听着后人的评说。也许，只有到游人散去，万籁俱寂时，他们才会开口说话，嘘，你听。

在中国的历史上，曾经有过这样的一支军队，他们黑衣如铁、迅捷如风，他们攻无不克、战无不胜，他们令天下为之丧胆、为之变色。他们的军歌里唱道："岂曰无衣，与子同袍，王于兴师，修我戈矛……" 公元前

230年，他们开始横扫天下，在十年的时间里，吞并了所有的国家，在中国第一次创建了一个大一统的国家：秦帝国。

十年后的一个早上，他们来到这里，当最后一块木板盖下来的时候，唯一的一线阳光也断绝了。隔着木板，头上有人在走来走去，不断传来尘土撒下的声音。周围一片漆黑，混浊的空气里弥漫着一股刺鼻的土屑的味道。人类的声音越来越远，越来越轻，直到完全消失，只留下无尽的黑暗，无尽的孤单，无尽的寂寞，连着曾经无尽的荣耀，一起陷入了无尽的等待。

一支豪华的，英勇的，让天下为之丧胆的无敌之师，在完成了他们的历史使命之后，以这种方式，陪着他们已经下世的君主，陪着他们行将下

世的帝国，一起走入了历史的尘封。

走在这支庞大的军阵旁边，侧耳倾听，他们低沉的呼吸和呢喃的细语仍然清晰可闻。虽然他们效忠的帝国早已逝去，但是他们却存在了下来，忠诚地履行着自己的义务，任凭时光从耳边箭一样地掠过。

两千多年前，工匠们在烧制这个军团的时候，一定在坚信他们是活着

的，而且一定在坚信他们可以永远地活下去。有人说兵马俑的相貌可能来自于真实的秦军将士，但我却以为，兵马俑的相貌应该来自于制作他们的工匠本身，因为只有这样，才能让他们显出如此生动的表情，拥有如此鲜活的生命。

直到1975年，整个世界都把目光集中在他们身上。

他们依然那样静静地伫立在这里。

他们知道，其实他们什么也不用说，时间，说出了一切。

西夏王陵：思古之幽情

他们说：没有任何地方比西夏王陵更适合让人发怀古之幽情了，在这样空旷的荒野中，在这样辽远的苍穹下。

西夏是以党项族为主体建立于公元1038年的王朝。鼎盛时期曾与宋、辽、金鼎足而立。到了国家定型时，疆域“东尽黄河，西至玉门，南抵萧关，北控大漠”，横跨今天的宁夏、甘肃、青海、陕西、内蒙古等地，统治时间近200年。

我们今天有些陌生的党项民族，是古老羌人的一个分支。李元昊统一了各部落，党项人开始称雄于大西北，当然他们还有更大的目标。北宋皇帝赵祯的庆历新政大幕还没来得及拉开，李元昊已经在不动声色间完成了

西夏王朝的构建，与宋辽形成了鼎足抗衡之势。仁宗龙颜大怒兴师问罪，无奈心有余而力不足，在实力的较量中屡屡败下阵来。威镇边关的北宋名臣范仲淹，也只能作“长烟落日孤城闭”的无奈之叹，更添几分天下之忧。

公元1205年，“一代天骄”成吉思汗成为蒙古大汗，他所率领的军队所向披靡。不料攻打西夏，花了十多年，竟屡攻不下。1209年蒙古兵更被西夏伏击，伤亡惨重。1223年，西夏乘蒙军西征中亚之机，发兵突击蒙古，成吉思汗勃然大怒，调集大军回师应战，竟又无功而回。一次又一次的征讨，令成吉思汗疲于奔命。1226年，他那强大的骑兵又再次围攻西夏都中兴府，可他却一病不起，另有说法是成吉思汗上阵时中了西夏军队的箭，毒发身亡于六盘山中。成吉思汗临死前留言，对他的去世要秘不发丧，以免动摇军心，还要彻底灭掉西夏王国，泄其心头之恨。成吉思汗去世3天后，不知这个重大秘密的西夏国王率部开城投降，蒙古军队遵照成吉思汗的遗愿屠城，李姓西夏皇族无一幸免于死。在蒙古兵的大肆烧杀抢掠下，大量西夏典籍及文物也随之烟灭。在历史上，没有一个王朝像西夏那样被消灭得如此彻底，连《二十四史》上也没有记录。

一代王朝灰飞烟灭，空留千古之谜让后人探寻。俱往矣，李元昊，西夏王朝，还有粗犷豪放的党项民族，他们的秘密都隐匿在这王陵中了。宁夏贺兰山东麓，距银川35公里的地方，有一片东西长5公里，南北宽10公里，总面积达50多平方公里的浩大陵区，这就是西夏陵。它像一位沧桑的“老人”，默默地向人们诉说着昔日的灿烂辉煌，让人追忆那给人以无限遐想的西夏王国。外国人说这是中国的金字塔，它有着胡夫金字塔一样多的不解之谜。只有贺兰山麓的冷月寒风，永久地守望着这几座王陵，还有迷雾般的一段历史。

这里一共排列着9座帝王陵和140多座陪葬墓。每座帝陵各自成为一个单独的完整建筑群，面积均在10万平方米以上，方向朝南偏东，呈左右对称的长方型，而且每座陵园都各有4座角楼分别立在陵园四角。太阳斜照在地面上，荒芜的黄土地上，王陵闪着着淡淡的金黄色，显得那么苍凉，那么孤寂。

一个失落的王朝，一幅边塞诗中的奇景。来到宁夏，你会深刻领略到所谓“塞上江南”的双重美——这里汇集了江南的妩媚与大漠的雄浑，这里有古老的黄河文化与浓郁的回乡风情。你做梦也想不到，就在这里，还有一片“塞上江南”。

人说“天下黄河富宁夏”，黄河百害，唯富一套。黄河在宁夏，完全不同于在内蒙古、在陕西、在河南、在山东。

中国有句古语“圣人出，黄河清”，圣人之少，反映出“黄河清”之难。然而，宁夏的黄河，竟如同江南水乡，水波不兴、一平如镜、百鸟齐飞、游人垂钓。黄河北岸，浩瀚无垠的腾格里沙漠以不可遏制的凶蛮滚滚而来，到这里却戛然而止，伏首在黄河岸边。黄河安详地流淌在腾格里沙漠和黄土高原的脚下，包兰铁路横穿其中。在黄沙黄土黄河的黄色世界里，沙坡头是一面绿色的和谐旗帜。宁夏人民用固阻结合的方法，在沙坡头创造出一片神奇的绿洲，化解了大自然的矛盾。腾格里沙漠和黄土高原隔河相望，黄河一如既往地奔流到海不复回。

难怪宁夏民间就流传着这样一首歌谣：“宁夏川，两头尖，东靠黄河西靠贺兰山，金川银川米粮川……”

我们不得不感叹大自然对这片黄土地的特别的垂青。

唐朝时，大诗人王维出使塞上，曾写下了《使至塞上》的著名诗篇：“单车欲问边，属国过居延。征蓬出汉塞，归雁入胡天。大漠孤烟直，长河落日圆。萧关逢候骑，都护在燕然。”

斗转星移，沧桑巨变。今天，诗人出使塞上的一切已然不复存在，可“大漠、孤烟、长河、落日”悲怆壮丽的景象仍为我们现代人所想往。

沙漠上漫漫升起黄尘，在夏日炽热阳光里涌动，英雄对于历史，就是在岁月脚步中销声匿迹，如夜晚到来时变得无影无踪。平淡的生活，重复的往来，让我们把日常所能触摸的当作了世界全部，而忘记在大地上曾经有过轰轰烈烈的过去，有过曾经如何灿烂的光明。在我们现在的生命中，又有多少是那些欢乐与悲凉的延续，又有多少是存在和辉煌过的存在呢。

我们总是被一种力量所驱赶，这力量来自于我们的内心，来自于对习惯、现实、平庸、重复的满足，让我们忘记自己所来、所往、所曾有过的过去。只有在这苍茫孤寂的旷野中，才有可能浮出一丝的疑问，我们以外的世界原本就是这样，我们之前的年代应该也是如此么?

敦煌：一沙一世界

“敦，大也；煌，盛也。”不管是曾经有过的辉煌历史，还是弥足珍贵的文化宝藏，抑或是气度粗犷的疆土——盛大辉煌的敦煌是一个谜、一个梦，一个永远难以企及的智慧。她有着悠久的历史、灿烂的文化，历经千百年沧桑，在茫茫戈壁沙漠的怀抱中，依旧闪烁着绚丽的光彩。

据史料记载，早在原始社会末期，中原部落战争失败后被迁徙到河西的三苗人就在这里繁衍生息。他们以狩猎为主，开始掌握了原始的农业生产技术，所以，敦煌地区曾发掘出新石器时代的石刀、石斧和陶器、铜器。13世纪以后逐渐衰落，直到20世纪因莫高窟藏经洞的发现又再度为世人所瞩目。

在莫高窟，历史通过颜料、画笔、雕刀复活了，岁月幻化成满窟的浓彩重墨。从一幅幅壁画和一尊尊造像上，我们叩到了历史的脉搏，波澜壮阔的历史事件化作了这方逼仄空间中的粗重喘息，满壁生风的飞天使得厚重压抑的窟顶陡然开阔无比。在这里，信仰不是梏桎人性的枷锁，而是本真的释放。多彩多姿的民俗，神情飞扬的神佛，当岁月斑驳了庄严肃穆的表象，呼之欲出的只剩下了欢快腾跃的生命张力。

在敦煌，熏陶了莫高窟千年文明之后，更让人心动的源于一种对沙漠的情结。传说敦煌沙漠中的石头白天能被烤到60~70度，晚上又迅速降到零下几度，如此大的温度变化使大石头频繁热胀冷缩变成小石头，小石头又变成小沙粒，最后形成浩瀚的大沙漠。在这片环绕着戈壁与沙海的苍茫之地，鸣沙山以它特有的神韵折服了无数游人过客。

沙山之下，只见蜿蜒的沙线伸向天之边际，一线的骆驼与行人踏着前人的脚印向沙山顶峰攀登。沙海无涯，一座连着一座，伴着天色的渐暗，黄色的沙山静默地安卧在月色苍茫之中，静得让人感到它的沉重、它的深远，仿佛承载着历史的重负，在这阳关古道上望着千百年驼铃声声、风云变幻，自己却依然无语，任由夕阳古道斜风吹拂。然而沙山又是那么不甘寂寞地蜿蜒着自己的生命，伸向远方，伸向天之尽头，远送着商旅游人无数脚步的远去……

月牙泉处于鸣沙山群峰环绕的一块绿色盆地中。巨大的沙山环抱着一弯碧绿的水面，酷似新月。沙漠地区能有如此泉水而形成的水面当属罕见。它的神奇之处就是流沙永远填埋不住清泉。月牙泉的源头是党河，依靠河水的不断充盈，在四面黄沙的包围中，泉水仍然碧如翡翠、清澈透亮、月弦如故，虽遇烈风而泉不被流沙所掩没，地处戈壁而泉水不浊不涸，久雨不溢，久旱不枯不竭，风景异常优美。这种沙泉共生、泉沙共存、妙造天成的大自然景色真乃天下奇观，因而名扬古今中外。

鸣沙山和月牙泉是大漠戈壁中一对孪生姐妹，“山以灵而故鸣，水以神而益秀”。狂暴的沙漠和静谧的清泉本是不共戴天、难以共存的，在这茫茫的戈壁沙海，经常是狂风肆虐、飞沙滚滚，多少名城重镇、关隘哨卡、村庄农田被黄沙侵袭、埋没。更何况处在暴热、干燥、蒸发量极大的沙漠气候的烘烤之中，而奇怪的是月牙泉与鸣沙山为什么能和平共处，相克相生，沙不填、泉不枯?

大自然创造的奇迹，古人百思不得其解，最后只好感叹为“山之神异，泉之神秘”，以丰富的想象力创造出优美的神话传说来解释这大自然的奥秘。

相传很久以前，敦煌一带是一望无际的大戈壁，没有鸣沙山，更没有月牙泉，有一年这里大旱，树木庄稼都枯死了，人们干渴难忍，大放悲声。美丽善良的白云仙子路过这里，听到人们撕心裂肺的哭声，心如针刺，伤心地掉下了同情的泪珠。泪珠落地化为清泉，解救了人们干渴的灾难。为了感恩戴德，人们修了一座庙宇供奉白云仙子。这样，便惹恼了神沙观里的神沙大仙，它抓把黄沙一扬，化作沙山想填埋清泉，赶走夺它香火的白云仙子。白云仙子道行浅，斗不过神沙大仙，便来到九天找嫦娥，借月亮与神沙大仙斗法。这天正好是初五。白云仙子借来一弯新月，放在沙山中间化为清冽莹澈的月牙泉，供人们饮水浇田。神沙大仙又使出妖法，去填月牙泉，嫦娥知晓后，非常生气，谴责神沙大仙蛮横无理，欺人太甚，轻轻将衣袖一拂，大风顿生，把填泉的流沙吹上山顶。气得神沙大仙吼声如雷，沙山因此而鸣响。

当然，这只是传说而已，到了科学发达的今天，这一奥秘终于被甘肃酒泉地区的治沙专家、林业研究所所长韩泽民和他的妻子解开了。夫妇俩经过长期考察后发现：鸣沙山的流沙和月牙泉是一种非常奇特的地貌现象。月牙泉两千年来不涸不腐，鸣沙山山体不变，是因为环绕月牙泉的沙山山坳随着泉的形状也成月牙形，山势南北高、东西低，有东北、西北两个风口，气流多从西山口入、东山口出。风随山转，由于空气力学原理，沙漠上的大风进入风口以后，在这种环山洼地特殊的地形地貌的影响制约下，又分别为三股不同方向的风流，常年从东南口沿着月牙泉周围的山坡作离心上旋运动，又从西北口吹出，此种常年特定的风向造成沙砾上升，把月牙泉周围山坡下的流沙刮上山顶，抛向山峰另一侧。于是月牙泉周围山上塌下来的沙子又被送到四面的鸣沙山脊上，而不往下流，这就是泉水不为黄沙掩盖的道理。两千多年来，正是因为这独特的地形运动，使沙山和泉水保持着矛盾而又和谐的天然共生共存状态。

有人说，月牙泉是鸣沙山的眼睛，这明亮的眼睛能使您看到大漠的雄浑和空旷；也有人说，月牙泉是鸣沙山梳妆的镜子，为苍莽的沙海平添了许多妩媚。

“高天野鹤戏西风，大漠烟霞夕照明。灵泉澈清泛倩影，鸣山喧响听心声。隋书唐画隐高窟，飞雪流沙任秋冬。琵琶反弹韵犹在，谁解仙子飞天情。”从2000多年前起，一支支满载着瓷器、茶叶和丝绸的驼队，便沿着这条贯通东西的古道，日复一日地向西前行。他们饱经风霜，等与波斯、大食等国交易完成之后，又沉默负重地沿途返回。

无尽风华、千年沧桑，丝路敦煌在自然与文明的交织点上创造了最灿烂的一瞬。

甘南：陌上开花，可缓缓归矣

2005年，美国最具权威的旅游杂志《OUTSIDE》（《视野》）、《ADVENTURE》（《探险》）将甘南藏族自治州评选为“让生命感受自由的世界50个户外天堂之一”。这几年，越来越多的人走进甘南，这片土地也许不再神秘，但依然充满诱惑。

这诱惑是什么？是蓝天白云，是碧草羊群，是穿越草原的清清黄河，是梵咒轻扬的宏伟寺庙，是炊烟袅袅的牧民帐篷，是黄帽高耸的喇嘛，是策马欢奔的姑娘，是插箭转山的执著，是晒佛诵经的庄严。

对我来说，这诱惑仅仅源于这高原上悄悄绽放的花儿。

《十面埋伏》里，小妹有这样一句对白：“真正的花，开在山野烂漫处。”

夏天，是甘南最美好的季节。当城市酷暑难耐，甘南却凉爽宜人，在这辽远的西部，绵延的高原草甸，夏季，无数不知名的野花，洋洋洒洒，铺展到天边，连风里都是花的气息。

穿越壮美的碌曲草原抵达甘南藏区第一大淡水湖——如梦如幻的尕海。眼前的美丽，就像是一场意外，美得让人心颤。人在花团锦簇的草坡上中行走，就仿佛进入一个世外的桃源。那片草原，线条非常柔美，茸茸的嫩绿间点缀着粉紫的花海，特别是湖畔，格桑花层层叠叠的，像把水彩打泼后又染在了一起，难以分辨色彩的那种鲜艳。

放牧的大哥说：“草原上的花，从来没有名字！都叫格

桑花！”格桑，藏语是幸运的意思。格桑花，草原上的幸运花，在广袤的草原汇成了花海，把过采花节的游牧人聚到一起，给了高原一个最绚烂的夏季。

“采花节”，是这里每年端午的传统活动。据说很久以前，从外地来了一位心灵手巧、花容月貌名叫兰芝的汉族姑娘，她采来百花百草医病疗伤，带领当地人挖山菜、摘野果度饥荒，把纺线织布、绣花缝衣的技术传授给这里的藏族姐妹。后来，兰芝姑娘在五月初五这天去世，藏族姑娘们为了表达哀思，上山采集了无数鲜花，放在她的坟头。从此，每年的农历五月初五，人们都要采集山花，并以此为节，代代相传。

传说毕竟是传说，现在的采花节则更多体现了人们的浪漫情怀和对生活的无比热爱。

初四一大早，博峪乡各个山寨的小伙子们佩带漂亮的腰刀，穿戴整齐，姑娘们浓妆艳抹，穿着艳丽的衣服，双双对对背着装有丰盛食品和青稞酒的背篼，走进密林深处，去采撷正在盛开的枇杷花。

傍晚，满载而归的采花人头上插着、手里抱着、背篼里背着各色鲜花，从蜿蜒曲折的林间小径上唱着歌儿回来了。此时，村头寨口，挤满了人，争先恐后把采花人接到家中对唱。据说，谁家接到今天采的花，谁家就把幸福和吉祥接到家。

真正的节日活动是在五月初五举行。这天，四邻八村的藏族姑娘盛装出行，她们穿着华丽多彩的手织绣花裙，脑前挂着锃亮的银盘，头上插满鲜花；小伙子们也穿上节日服装，三五成群地向博峪河边的广场拥去。整个博峪河畔一片欢腾，一片花香。

阳光布满了山冈，照耀着山脚下空旷而寂静的牧场。湛蓝的天空，低垂的白云，以及远山近水，都在空阔的背景中营造出一种清静辽远的气氛。这气氛与草库山顶飘动的经幡形成了某种神秘的呼应。对于一个习惯了拥挤生活空间的城市人而言，眼前的情景就仿佛是造物主突然在狭隘的通道中打开了一扇大门——当我们会因为自然界的美丽而深感震撼，或者因为自然界的空阔而深感孤寂的时候，山顶上迎风鼓动着的经幡将用一种无声的语言启示我们：神灵护佑的力量在这块广袤的土地上无所不在。由此我们便不难理解，在这片莽莽草原上，在孤零散落的牧民帐篷里，有一种灵魂为什么总是自由、虔诚和宁静的。

卓克基，一个安宁祥和的加绒藏族村寨，这里也是红军翻过第二座雪山后的汇合处，山路上至今还保留着当年红军刻在石头上的口号。整个村寨依山而建，错落有致，宁静安详。漂亮的藏族民居都是当地居民用山里的石头一块一块地砌成，石块之间的缝隙均匀，并形成漂亮的曲线，窗子上画着藏族特有的美丽图案。一条清澈的梭磨河从村前奔流而过，河水的流淌声永远都陪伴着河边的人和屋。

村子对面有一栋十分醒目的土司官寨，阿来的小说《尘埃落定》里的故事就是以这个土司家和桌克基村为背景的。土司官寨全部用木材建造，虽然已经坍塌了近半，但仍然可以看出它的规模、气势非同一般。这座断壁残垣的遗址，在夕阳下别具一番颓废残缺的美感，也给我带来遥想过去的空间。它被美国作家索尔兹伯里称赞为“东方建筑史上的一颗明珠”。

夕阳西下，走进卓克基的土司官寨。整个寨子笼罩在温暖的光芒下，坍塌下来的两面墙壁像是把遥远的年代撕开一角，让我们这些后来人得以站在时空隧道的门口向内观望。木廊、残砖、断窗和还剩下一半的碉楼都被夕阳熏染成暗淡的红色，恍惚间仿佛有人影绰约。无论从那建筑的规模、楼宇的布局和木雕的精细，还能依稀看见这座人去楼空的豪宅当年繁华盛世的影子，佣人们进进出出的身影，马跃骡腾的嘶鸣，女眷们光鲜的衣着，还有经堂里喃喃的诵读……

旅行绝不仅是看风景，而是生活在路上的感觉。生活在路上，在每一个留宿的小城，在每一个过夜的山村，在与你交谈、向你打招呼、请你喝茶的每一个友善的人中间。虽然，只是一个过客，但那又何妨呢？曾经自由、绚烂，还不够么？就像这甘南草原的花开一季。

喀纳斯：神的后花园

喀纳斯是蒙古语，意思是“美丽富饶、神秘莫测”。

喀纳斯湖位于新疆北部，布尔津县境内。湖面海拔1374米，面积44.78平方公里，是一个坐落在阿尔泰深山密林中的高山湖泊，比著名的博格达天池整整大10倍，湖水最深处达198米左右。

这个深藏在阿尔泰山友谊峰下的亚寒带高山河谷型湖泊，其实是额尔齐斯河支流喀纳斯河上最宽的一部分，发源于喀纳斯冰川，穿过崇山峻岭、奔腾而下的喀纳斯河水，在流入这个豆荚形的凹陷湖区之后，就变得平缓而柔和。

喀纳斯湖呈弯豆荚形，湖东岸为弯月的内侧，沿岸有六道向湖心凸出的平台，使湖形成井然有序的六道湾。每一道湾都有一个神奇的传说。其中第一道湾的基岩平台有一个巨大的羊背石，恰似一只卧羊昂首观湖；三道湾的观湖台，是赏湖上落日的最佳地点；当旭日东升或夜幕降临时，乘船或站在第四道湾平台上探寻湖心秘密，运气好的话还可能看到时隐时现的神秘“湖怪”。北端的入湖三角洲地带，大片沼泽湿地与河湾小滩共存，地形平坦开阔，各种草类与林木共生，一派生机勃勃的景象。喀纳斯湖上端，有湖心岛浮于水面，四周皆森林茂密，湖水碧绿纯净。

静悄悄、蓝晶晶的湖面如同一面镶嵌在林海雪谷中的明镜。湖中的曲

折港湾与湿岛礁岩，在粼粼柔波、点点光斑的衬映下，显得迷离梦幻般的景趣。湖的东西两岸，尽是漫山遍野、直插云天的以欧洲泰加林为主的原始针叶林和白桦林，渲染出一派恍如北欧大陆与俄罗斯林野的异域情趣。

喀纳斯湖河流因受到下游泥石流及崩塌堆积物的堵塞而变宽，最宽处达700米，是喀纳斯河在喀纳斯湖景区内最宽的河段，这里河谷地势平缓，在河岸地带形成大片沼泽与草甸。河中有数个小岛，传说是仙人居住的地方，因此这里被称为神仙湾。

这个美丽的湖泊，自然少不了爱情的渲染。

传说很久以前，有一个牧羊青年吹得一口好牧笛，他长得英俊勇敢。有一位貌美聪慧的公主，生就一付嘹亮的清润的歌喉，一次，雨后的草

原，她和这位吹得一口好笛的牧羊青年邂逅了。他们用笛声和歌声诉说着爱情，整个草原飘荡着他们的海誓山盟。

可是，公主的父王极力反对——青年是穷人家的孩子。公主的父王向那青年人提出了一道道难题，但都没有难住这个青年人。后来，公主的父王一看没办法，就生出绝计，逼这个青年人要在一天之内徒步绕湖走一圈。

绕喀纳斯一圈有一百多里路。而且都是密林悬崖，峰峦起伏，没有去路，那原始森林中各种野兽又很多。但这位牧羊青年为了忠贞的爱情，便一声不响绕湖走去了。眼看公主的父王拆散他们幸福自由婚姻的诡计就要得逞，公主万分焦急，便毅然勇敢地从湖的另一端迎面走上去。终于，这对真诚相爱的恋人，在湖边的密林里相会。从此，过上了自由幸福的生活。

从那时以后，每当夜深人静，月亮升起来的时候，这对青年伴侣就来到湖上吹笛歌舞。所以，直到今天，当夜深入静时，你若在湖边用心倾听，便会隐约听到喀纳斯湖面上传来那优美的笛声。

美妙的笛声中，这里的一切都恍若仙境，鲜花铺就的地毯让人不忍落足，屋畔的小树丛精致而典雅。山岚与林海的静穆，鲜花与树木的清雅，其实是一种氛围的纯净，一种心灵的宁静。纯净的神秀天造地设，浩浩茫茫，消释了人间的一切喧嚣，各色的花草用无声的诉说震撼着人类的心田，各态的树木用永恒的不朽唤起了心底最美的宁和，这是一种何等伟大的造化。

有人说，在这神的后花园里，没有什么是绝对的主角，因为这里的主角只有一个——神。我想说，它的另一个名字叫大自然。

交河故城：东方古国的雅典卫城

交河故城，中国最热的地方，最高气温达49℃；也是中国最干燥的地方之一，年降水量不足40毫米，蒸发量却高达3000毫米。正是这干燥、恶劣的环境，让一座两千多年前的古城保存了下来。

交河城，公元前108年，是车师前国的国都。《汉书·西域传》中有记载："车师前国，王治交河城，河水分流绕城下，故号交河"。当时车师前国有"户七百、口六千五十，胜兵八百六十五人"，是车师前国政治、经济、军事和文化的中心。

公元前108年至公元前60年，西汉王朝与匈奴在48年的时间里，共进行了5次争夺交河的战争，史称"五争车师"。车师归汉后，这里渐渐成为吐鲁番的中心城市。

13世纪后期，西北蒙古贵族集团的海部、都哇发动战乱，交河古城屡屡受祸，破坏严重，这座城市最终毁于蒙古骑兵的战火，从此，它成为一片废墟，成为"故城"。

蒙古人西征的铁蹄踏碎了持续千年的文明，经历了草原飞来的战火之后，曾经强大的车师古国成为了世界上最大、最古老、保存最完好的生土建筑城市遗址。从此，红色火焰山下的交河故城与蓝色爱琴海岸的雅典卫城交映生辉。

交河故城，简直就是从大地上直接雕刻出来的一座城，整个城仿佛就是一个庞大的雕塑，巍然耸立在西北大地上。故城一半在地下，从生土台地面向下挖掘；一半在地上，用黄土夯筑。城中最高的、或者说最深的建筑物有三层楼那么高，这种建筑方式被称为“减地留墙”。高达30余米的黄土高台，东西环水，四周是壁立如削的崖岸，崖下是已近干涸的河床。故城建筑主要在崖的南端，以崖为屏障，不筑城墙，如建筑于孤岛之上，因此当地人也称其为“崖儿城”。作为生土建筑，它的规模之大和保存之完好可说世界罕见。

信步走在交河故城的断壁残垣中间，体味着这座古老城市的每一个细节。想象当年的车水马龙，回忆旧时的人声鼎沸，似乎帝王的威严犹在，寺庙的佛音仍存；屋舍内灶台的余温尚在，卧榻旁的身影和话语还在脑中萦绕；市场内的叫卖似乎从未停歇，道路上行走的身影也未曾消失。这座挺立两千多年的倔强城池在你眼前复活了，没有屋顶的土墙断垠在强烈的阳光下，毫无顾忌地向人们展露出深藏千年的历史文化底蕴，明白无误地表达了古代人的智慧和精神。

时光在风中流逝，它教会了我如何去欣赏废墟的美丽。这是一种别样的美。历史的沧桑留给这些石块与墙体的，不仅有凹凸不平的斑驳，还有金黄的色彩。触碰些许的尘埃，正是在感受历史的脉搏。

历史的谶语谁也无法破译，历史的演变却永远让人沉思。

青海湖：七月不远

西宁的青旅有一面墙上写着海子的诗：

七月不远
性别的诞生不远
爱情不远——马鼻子下
湖泊含盐
因此青海湖不远
湖畔一捆捆蜂箱
使我显得凄凄迷人
青草开满鲜花
青海湖上
我的孤独如天堂的马匹
……

1000多年前，一个16岁的女孩路过这里的时候是不是也感受到了这样的孤独？公元640年，唐蕃联姻，文成公主远嫁吐蕃王松赞干布。临行前，唐王赐给她能够照出家乡景象的日月宝镜。途中，公主思念起家乡，便拿出日月宝镜，果然看见了久违的家乡长安。她泪如泉涌。然而，公主突然记起了自己的使命，便毅然决然地将日月宝镜扔出手去，没想到那宝镜落地时闪出一道金光，变成了青海湖。

其实，青海湖是由祁连山的大通山、日月山与青海南山之间的断层陷落形成。距今20万～200万年前成湖初期，原本是一个大淡水湖泊，与黄河水系相通，那时气候温和多雨，湖水通过东南部的倒淌河泄入黄河，是一个外流湖。到了13万年前，由于新构造运动，周围山地强烈隆起，使原来注入黄河的倒淌河被堵塞，迫使它由东向西流入青海湖，出现了尕海、耳海，后又分离出海晏湖、沙岛湖等子湖。由于外泄通道堵塞，青海湖遂演变成了闭塞湖。加上气候变干，青海湖也由淡水湖逐渐变成咸水湖。

青海湖，在蒙语里，被叫做“库库诺尔”，在藏语里，它被叫做“错温布”，都是“青颜色的大海”之意。为什么要叫做“青色的海”，而不叫做“蓝色的海”呢？难道是因为“青出于蓝而胜于蓝”？

其实，青海湖水所以如此湛蓝，因为湖面高出海面3197米，比两个泰山还高，湖水中含氧量较低，浮游生物稀少，含盐量在0.6%左右，透明度达到八九米以上，因此湖水显得更晶莹明澈。可以说，青海湖既是中国最大的内陆湖泊，也是中国最大的咸水湖。

青海湖在不同的季节里，景色迥然不同。夏秋季，七月的时候，当四周巍巍的群山和西岸辽阔的草原披上绿装的时候，青海湖畔山清水秀，天高气爽，景色十分绮丽。辽阔起伏的千里草原就像是铺上一层厚厚的绿色的绒毯，那五彩缤纷的野花，把绿色的绒毯点缀得如锦似缎，数不尽的牛羊和膘肥体壮的骢马儿犹如五彩斑驳的珍珠洒满草原。天很蓝、云很低，那些花儿迎着风，开在高原上。七月的青海正盛放着最妖娆的色彩，因为高原上的油菜花，在骄阳下一直开到了天边。

“门源油菜花”位于青海省海北藏族自治州的门源县，是青海省及西北地区的主要油料产区。同时，也成了蔚为壮观的天然油画，西起浩门河畔的青石嘴，东到大通河畔的玉隆滩，北到与甘肃省交界的冷龙岭，南至高峻的大坂山，绵延数十公里。

那草滩的绿，绿得娇嫩，那菜花的黄，黄得蓬勃，而那湖水的蓝，又是蓝得多么醉人啊!它蓝似海洋，可比海洋要蓝得纯正；它蓝似天空，可比天空要蓝得深沉。青海湖的蓝，蓝得纯净，蓝得深湛，也蓝得温柔恬雅。

这时候，你不禁佩服栽种油菜花的人的艺术创作：以大地为画板，以植物为原料，挥洒出如此美丽的图画！

塔尔寺：十万佛像弥勒洲

塔尔寺，藏语意译为“十万身像弥勒洲”，因藏传佛教格鲁派创始人宗喀巴诞生地而蜚声海内外，是格鲁派著名的六大寺之一。

塔尔寺，就如她的名字，先有塔，而后有寺。

塔是供奉在大金瓦殿内的白银塔。跨过殿门，抬头仰望高达13米的银塔，一路上小心捧在胸口，用心诵念着六字真言的心滑落到地上，震撼哽咽。塔前盏盏酥油灯，日夜不熄，长伴佛前，望着每日络绎不绝的信徒，聆听喇嘛的颂念和信徒的心愿。不知怎样的今生可以换作来世的一盏明灯，就这样静观人世悲喜愁苦，自己不受俗世烦扰，只是日日给信徒一些光亮，身在世而心已远。

大金瓦殿的院外，有一株菩提树，据说，这一株与塔内菩提树同根，它在院外吸收了养分传给塔内的神树，而塔内的神树又把力量赐给了信徒吧。

塔里的那棵树，据说是当年宗喀巴大师在此地降生，几滴脐血入土便长出的一棵，它的十万片叶子深绿浅绿大小各异却都清晰可见狮子吼佛像。青年宗喀巴进藏学习佛法后，阿妈久不见儿，书信一封给宗喀巴细述亲母思念之情，宗喀巴自然思念阿妈却不忍耗去365个日夜往返青藏一次，因为他要至诚地潜心修行。他毅然刺破自己的鼻子，以血代墨告诉阿妈，并附上自己的画像以解阿妈思念之苦，愿母亲在自己的出生地修建银塔一座，“见塔即如见儿”。阿妈收到这封信后，供奉了儿子的画像，谁知画像竟对着

母亲深深唤道：妈妈，妈妈。宗喀巴的阿妈为了实现儿子的愿望，四方化缘和众信徒一起修建了这座大银塔，尔后，围绕着这座银塔，信徒又逐渐修建了各座殿堂，便有了如今坐落在山谷中的塔尔寺。

这是一片干燥却心灵温润的土地，我们小心翼翼走进这个神秘的世界，生怕惊扰了这里的主人。殿脊的金轮、金幢、金鹿等装饰光彩夺目，让人顿感恢弘气势，庄严肃穆，一片虔诚油然而生。

塔尔寺的酥油花、壁画和堆绣被誉为“艺术三绝”。

酥油花就是用酥油染上各色颜料而制成的油塑艺术品。相传酥油花源于西藏，唐文成公主与吐蕃王松赞干布结亲时，曾从长安带去一尊佛像供奉在拉萨大昭寺内。严寒的冬季，无鲜花献佛，信徒们为了表示敬意，就用酥油制成花，供奉于佛像前。从此相沿成了藏族人民的习俗。1594年，酥油花传到了塔尔寺，经该寺艺僧苦心钻研，使其在题材和工艺上有了新的发展，成为塔尔寺独有的一种高超的油塑艺术。每年农历正月十五灯节时，艺僧将精心制作的酥油花在寺内展出，成为一年一度的寺内盛会。

壁画是各殿宇墙壁上的绘画。大多画在布幔上，也有直接绘在墙壁和栋梁上。壁画颜料采用石质矿物，色彩鲜艳，经久不变。壁画属喇嘛教宗教画系，与汉画有些不同，具有浓郁的印藏风味。壁画内容大多取材于佛经黄教诸密乘经典。画面情节属黄教内容，人物主次多属密乘教义。整幅画面构思巧妙，布置适然，色调和谐，精巧细腻，层次分明，千姿百态，栩栩如生。

堆绣是塔尔寺独创的藏族艺术品种之一。它用各色的绸缎剪成所需要的各种形状，如佛像、人物花卉、鸟兽等，以羊毛或棉花之类充实其中，再绣在布幔上，由于中间突起，有明显的立体感。塔尔寺大经堂内悬挂有“十八罗汉”等堆绣艺术产品。堆绣包括刺绣和剪堆两种，其内容题材大多来源于佛教故事和宗教生活等，制作精细，图案别致，形象生动，繁复奇绝，是塔尔寺独创的传统艺术，是僧侣艺术的杰作。

塔尔寺最吸引人的当数一年一度的“展佛节” ，每年农历四、六月两次法会时举行。当日清晨，天不亮，塔尔寺的喇嘛们就要集中，做“晒大佛”前的各种准备，然后抬着巨大的佛像，沿着寺旁的山路，往山顶上走，然后将巨大的佛像，从山坡下一直铺放至山脚，这时巨大的佛像就展现在来参观的成千上万名群众面前，“晒大佛”也达到了最高潮。

日照：日光倾城

很久没有去看海了，去日照看海是突然间的主意，看来这主意不错，这里，天蓝，水净，空气清新，日光倾城。

早晨八点多到达日照，这个海边小城正从晨曦中苏醒。火车站站前广场没有多少人，清静祥和，没有一般城市车站前的嘈杂、喧嚣、脏乱。我喜欢这样的小城，它可以让我的头脑在无干扰状态下想入非非，在美丽的遐想中伸入旅行的腹地。

街上行人寥寥，车上拥挤的人群不消一刻便散布在大街小巷，很快失去了踪影，我伫立街头，慵懒地思索，该往哪个方向走呢?

到海边不过五六站的距离，“何妨吟啸且徐行”，那种要看海的迫切心情在我一步步接近它时，逐步平静。不是近海情怯，喜欢那句话，“放下行囊，就回到了故乡”。你知道吗？不管你来自哪里，海都一直在这里等你，就像故乡在心中的安然平坦，不需焦灼，不需急迫，在它身边，心情自是一幅徐徐展开的画卷。

阳光很好，走过灯塔广场，渴慕已久的海洋在阳光下闪着金光，一下子映入眼帘，蓝色的大海在阳光下翻着波浪，美丽壮阔。

日照有一百公里的纯净海岸线，从灯塔广场一路向北，一直到日照海滨国家森林公园，长长的海岸风景旖旎秀丽，可以把大把的时光留在了这里。

看日出，在这样清静幽闲的小城，恐怕这也是赶早的唯一理由吧。

太阳带着金色的光环从海面上升起来了，海面被染得一片金黄。霞光万道，蔚为壮观。这就是天堂之光吧？光线之上，就是世世代代的先人们一直在苦苦追寻的天堂吧？金色的太阳给我们带来了光明，给我们带来了温暖，给我们带来了幸福，给我们带来了吉祥，给我们带来了憧憬，给我们带来了希望。自人类诞生的第一天起，就一直享受着太阳神赐给我们的诸多恩惠。何止是人类，世上万物不都有赖于太阳而生存吗?

日照，以“日出初光先照”而得名。而大量的考古史料证明，这个行政建制从史籍上最早追溯到北宋的海边小镇，竟与记载远古历史地理的《山海经》有着千丝万缕的关系。《山海经·大荒东经》这样记载：“大荒之中有山曰天台山，海水入焉。”

这个天台山就在日照，沿204国道南行，穿过日照市涛雒古镇，竹子河自西向东蜿蜒而过，向西南望去，不远处，一座山像巨大的屏风横亘在广袤的平原上。天台山到了，一座曾被史籍记载又被世人遗忘的山。

民间传说，天台山太阳神祭坛是古人与太阳神对话的地方，也是一个充满神气和灵气的地方。山中有汤谷，有扶桑树，有古人建造的太阳神祭坛，还有古人顶礼膜拜的太阳神石，更是观东海日出的绝佳之地。

事实上，在我国有十几座山都叫天台山，但与其他天台山不同的是，日照天台山流传着许多与太阳有关的神话传说。天台山南坳，有一个幽静的山谷叫汤谷，相传是《山海经》记载的“羲和浴日”的地方。上古时期，父亲帝俊与母亲羲和养育了儿子太阳和女儿月亮。儿子刚烈如火，女儿柔情似水。为了让桀骜不驯的儿子造福桑梓，细心的母亲羲和每天都要在汤谷的溪水里为儿子洗浴降温。这也许就是古人认为早上凉爽、太阳并不灼热的缘故。母亲的慈爱感天动地，至今在天台山汤谷里，每年五六月份，漫山遍野盛开着一种状如野百合的黄花，当地人都称它为母亲花、忘忧草。

据专家考证，历史上的日照地区是新石器时代东夷人生活的地方，这个古老的东方民族以太阳神和太阳鸟为图腾，由此创造了与古印度、希腊、埃及、玛雅齐名的世界五大太阳文化。《山海经》所记载的天台山，正是尧王城遗址及其附近的“十日国”、“羲和国”、“扶桑国”祭祀太阳神的地方。

“山不在高，有仙则灵。”也许是对这句古语的奇妙验证，古人选择在这座没有伟岸身姿的小山修道成仙也绝非偶然。你看那那海天相连，星空璀璨，海上仙山若隐若现，天上海市飘渺虚幻，这为人们感知自然、体会人生提供了极大的诱惑力和广阔的想象空间。

要是炎炎夏日，这里是世外桃源、清凉世界、空气氧吧，足以使你心旷神怡，宠辱皆忘，顿生羡慕陶翁归隐之心。如若霪雨霏霏，则又是一幅梦幻般的画卷。从海上吹来的水汽像云、像雾、又像风，云雾在山谷中涌动，山峰在云雾中潜行，给你一个虚幻无常，飘飘欲仙的感觉，那或许就是人们理想中的仙界吧。

一个不大的城市，一片绵延的海滩，一座不高的山，一束最早的阳光，一段旷古的历史。这，就是日照。

南京：那座城那些树

特别喜欢南京的树。

和这个城市承载着历史一样，南京的树沧桑得令人敬仰。

1928年，孙中山灵柩从中山码头经过南京市区到中山陵去安葬。当时的政府在沿途种上了从各地精选的法国梧桐和雪松。几十年过后，大树冲天20米，成了壮观的绿色隧道。南京，因此有了一种别的城市没有的骄傲。

法国梧桐在万千树种中并非最美，它既无白杨秀拔，也没杨柳妩媚，更不及胡杨坚韧，但法梧却比它们更适合长在繁华都市。南京人爱绿爱树，尤爱法梧。虽然法梧也像每个人都有缺点一样，它也有人们不喜之处。比如，它的主干并不好看，有点麻癞，有时还会掉下块块斑驳的皮。再比如，每年春天植物扬花授粉时节，法梧还会四处飘着"毛毛"，这些"毛毛"进入人鼻孔、眼睛都会特别不舒服。尽管如此，南京人对法梧想到更多的，是它给城市带来的益处，因此总愿意原谅、理解和宽容它们。

南京著名作家叶兆言曾说过，法国梧桐是南京文化很重要的一部分。虽然是从法国引进的，是个外来物种，但是它在某种意义上更能代表南京。南京人对于法梧的情感早已深埋心底、扎根于潜移默化间。

所以在南京的林荫道上，蓊蓊郁郁的法梧各自独立，向两边生长着，

恰到好处地挡住了大部分人行道，正好枝丫又不会挡住路中车辆的来来往往，特别"懂事"。也许是被石头城的文人气息所感染，在高大中增添了三分"书生气"。每一棵法梧都像一把硕大的巨型伞撑在地面上。长长的街路两旁长着巨大的法梧树，显得格外的和谐、美

丽，也许这是法梧默默回报着养它近一个世纪的城市的方法吧。

由法梧想到了中国本土的梧桐。有人说，梧桐是有灵性的。古语有云：凤翱翔于千仞兮，非梧不栖。梧桐树的英文名为Phoenix Tree，直译成中文即为凤凰树。

最早是在李清照的词中读过梧桐：梧桐更兼细雨，到黄昏，点点滴滴。然而，我更爱夏天的梧桐，不同于诗意：树冠繁密，遮天蔽日，透露下来的缕缕阳光在地下晃动着，带给人们满目浓绿和清凉。那些三五成群，又或者是紧紧相依偎着，在树荫下散步的人们，一边说笑，一边走过也许已经走过无数遍的街道，却一点也没有因为盛夏与重复的街景而烦躁，相反，显得格外惬意。

南京的法国梧桐也染上了中国梧桐的灵性，荫护着每一个南京人，是南京这座古老而现代的城市的形象符号，是南京无形的物质和精神资产，承载着历史、人文和情感内涵，带给人们心灵温润的滋养。

直到2011年春天，南京地铁3号线、10号线建设计划移植行道树，其中有差不多200棵树龄较大的法国梧桐。法梧将要为地铁让道的消息，牵动着、刺痛了南京市民的心，南京市民自发地在树干上系上绿丝带，通过各种途径呼吁和建议，引起全社会的关注和热议。好在，时任南京市委书记朱善璐果断叫停地铁3号线的移树工作。他说“树和绿

是城市的生命线”，“这是保护南京的历史文化，保护城市的记忆”。

南京的树注定是不普通的，它印证了这座城市的时光流转，每一棵树都是有根基的，树之根扎在土里，更深埋在南京人心里。当历史积淀与城市建设有所抵触时，南京人对大树热爱的表达，理性而充满文化气质。

除了去中山陵路上的法国梧桐，在去朱元璋和皇后马氏所葬的明孝陵的途中，路旁边也有着高而粗壮的梧桐，风吹起的沙沙声仿佛是历史和今天的对话。这样的幽静落寞感觉只有在这里才能体味。几百年来，那些葱郁的树，陪伴着一代君王安然入睡。经朝代更迭、世事变化，烟花般的糜烂和华丽，往日繁华的历史云烟，如今，只留下沧桑和平静。高耸的石碑与洪武帝的陵寝遥遥相对，冷眼看着世事变迁。陵寝在宝顶山内，从未被开掘过，满山的落叶将一切都深深地掩埋，只有风拂过树，还在轻轻吟诵过往。

树，见证了这座城市的历史沧桑。

黄山：上帝的盆景

相传，远古时，轩辕黄帝曾于一个叫“黟山”的山炼丹修真，获道飞升，唐玄宗由是下令将之命名为黄山，时为公元747年。

黄山，以“奇”闻名天下，位于安徽省南部，是皖南山地的中枢山脉，也是长江水系和钱塘江水系的分水岭。

古人对黄山的评价很高，明代旅行家、地理学家徐霞客曾两游黄山，赞道：登黄山天下无山，观止矣！又曰：五岳归来不看山，黄山归来不看岳。

李白曾以一贯的浪漫主义情怀这样描述黄山：黄山四千仞，三十二莲峰。丹崖夹石柱，菡萏金芙蓉。一仞大概就是今天的1米6左右，四千仞就

是6400米了，黄山当然没这么高，主峰莲花峰海拔为1873米，李白用了夸张手法，突出黄山奇险，故而看上去高耸挺拔。“三十二莲峰”倒说得并不夸张，黄山景点多达180多处，想全部走完，还得费上一番工夫。后面两句把偌大一座黄山比喻为一朵荷花，除了体现出太白胸怀之恢弘，也充分反映了黄山之毓秀。

有人说很久以前黄山是一片汪洋，所以黄山的四个方向被称为东海、西海、北海、南海。另有一说，所谓“海”指的就是云海，黄山终年云霞万千，以天上之云海名地上之万物也不为过。

自古黄山云成海，黄山是云雾之乡，以峰为体，以云为衣，其瑰丽壮观的“云海”以美、胜、奇、幻享誉古今。黄山的云海最有特色，奇峰怪石和古松隐现云海之中，就更增加了美感。流云散落在诸峰之间，云来雾去，变化莫测。

风平浪静时，云海一铺万顷，波平如镜，映出山影如画。红树铺云，成片的红叶浮在云海之上，这是黄山深秋罕见的奇景。在北海双剪峰，当云海经过时为两侧的山峰约束，从两峰之间流出，向下倾泻，如大河奔腾，又似白色的壶口瀑布，是黄山的又一奇景。

由于山谷地形的原因，有时西海云遮雾罩，白鹅岭上却青烟飘渺，道道金光染出层层彩叶，北海竟晴空万里，人们为云海美景而上下奔波，就叫“赶海”。

黄山有名可数的72峰，或崔嵬雄浑，或峻峭秀丽，布局错落有致，天然巧成。天都峰、莲花峰、光明顶高耸于山区中部，陡峭挺拔，伟岸险峻，海拔高度皆在1800米以上。

群山之中，奇形怪石密布，精妙诡谲。黄山怪石，以奇取胜，或曲直圆方，或断裂纵横。目前，已被命名的怪石有120多处。几乎每座山峰上都有许多灵幻奇巧的怪石，其形成期约在100多万年前的第四纪冰川期千峰万壑，体兼众妙，错落有致，妙然天成，着实为黄山增色不少。

“五岳欲与黄山并，犹欠灵砂一道泉”。说的就是黄山温泉了，源出海拔850米的紫云峰下，可饮可浴。传说我们的祖先轩辕黄帝就是在此沐浴七七四十九日得以返老还童，故又被誉为“灵泉”。

黄山四绝：奇松、怪石、云海、温泉。松，名列第一，黄山松是由于黄山独特地貌、气候而形成的中国松树的一种变体。黄山松一般生长在海拔800米以上的地方，通常是黄山北坡在1500~1700米处，南坡在1000~1600米处。黄山松的千姿百态和黄山自然环境有着很大的关系。黄山松的种子能够被风送到花岗岩的裂缝中去，以无坚不摧、有缝即入的钻劲，在那里发芽、生根、成长。所以，就有了我们看到的喜迎天下客的“迎客松”。

要问黄山什么时候来最好，有诗云“黄山四季皆胜景，唯有腊冬景更佳”。大雪过后，黄山的千沟万壑和峰峦都接受着冰雪的洗礼，漫山遍野的雾凇、雪凇、雾草、雾石、冰挂，宛如一个珊瑚盛开的世界，晶莹剔

透。当气温下降到零摄氏度以下，有雾或毛毛雨时，树木、石块等物体表面会形成一层冰晶式的覆盖物，这就是有名的“雾凇”，蔚为奇观。 由雾凇和雨凇组成的冰花世界，点点滴滴裹嵌在草木之上，结成各式各样美

丽的冰凌花，有的则结成钟乳石般的冰柱，满山遍野都变成一片银装素裹的世界。那造型奇特的松、遍地的灌木此时也成为银花盛开的玉树，分外诱人；满枝满树的冰柱，犹如珠帘长垂，山风拂荡，分外耀眼，让游客如同进入了琉璃世界。

黄山之美，众所周知，历代游客盛赞“天下名景集黄山”，谓泰岱的雄伟、华山的峻峭、衡岳的烟云、匡庐的飞瀑、雁荡的怪石、峨眉的清凉，黄山均兼而有之。

在大自然鬼斧神工的造化下，黄山以其独特的风貌耸立在皖南山区。它似一幅天然的画卷，一首无声的诗。《中国国家地理·选美中国特辑》更把它称为“上帝的盆景”。

徽州：故园绮思

会不会有这样一个地方？你看到她的第一眼，就觉得似曾相识。

公元904年，唐昭宗李晔受梁王朱温的威逼，离开长安。路上，皇后生下了一个男孩。皇上让一个叫胡三的部下带走了孩子，起名胡昌翼。不久后，朱温篡位，李晔一家全部被杀害，唯一幸免的，就是胡昌翼，等他长大成人，明白了自己的身世，可并没有上演李氏孤儿报仇雪恨的剧情，故事戛然而止。这样又过了好多年，有一天，胡昌翼的第五代后人从江西婺源去南京，经过安徽西递的时候，被这一派青山绿水打动了，举家迁到了这里，生根发芽，然后枝繁叶茂。

其实，徽州的很多村落，都是这样，他们从遥远的地方来，走到这里，留下了。也许，打动他们的，并不仅仅是好风景，更多的可能是一种类似故乡的感觉。

徽州，歙县、黟县、休宁、婺源、绩溪、祁门——一府六县。自从1987年，国务院批准改徽州地区为黄山市后，很多人从地域上称呼这里叫“皖南”，可更多人还是叫她“徽州”，应该也是为了寻求心里的那一份归属感吧。

徽州村落里，我偏爱的就是这个叫“西递”村子。

西递的村名来自于村边的小溪，因为地势高低的原因，我国的江河大多是从西往东流的，可这条小溪却是反过来的，所以叫“东水西递”。汉乐府《长歌行》里有这样的一句：“百川东到海，何时复西归。”苏东坡也说过“谁道人生无再少？门前流水尚

能西！”溪水西流，实在罕见，西递，真是一块福地了。

也许正是这个原因吧，唐朝皇子胡昌翼看上了这块风水宝地，栖居于此，生生不息，成了现在西递胡姓族人的祖先。九百年风雨沧桑，这里的88座古桥、99条巷弄还有差不多300栋明清古宅，依然还是当年的风采。

来西递，最好是在一个雨天，粉墙黛瓦在一派烟雨蒙蒙中更显诗意。雨的到来，善意地阻挡了大批慕名而来的游客，把安静的西递小心翼翼地捧在手心，让人不自主地放慢脚步，小声说话。

收藏家、笔啸轩主人胡积堂的故居——履福堂里，导游关了扩音器，不急不躁地跟两个金发老外介绍着：访履福堂，似我故乡，这话是联合国教科文组织的大使大河直躬说的。当时，西递申报世界文化遗产地，他来到西递的时候，觉得这里给了他一种家的感觉。这种感觉不光是他有，很多的游客都会有。

两个外国朋友相视而笑：这里，的确有一种似曾相识的感觉。

本应陌生的徽州，却分明觉得有些久违的熟悉。这种游走于陌生的熟悉，跳跃于熟悉的陌生之间的莫名感觉，我想，应该是来自对徽州阅读的快感吧。古镇的一切，触碰到自己敏感的神经系统，开启了对故乡思恋的存储仓库，并与其对应检验置换互映相混，并最终融合一体。也许，这就是所谓的乡思乡愁?

也许“喜新厌旧”是人类的天然属性，在厌倦了都市的繁喧，在尽情享受着都市巨大便利之后，又有了回归自然、返朴归真的内需欲望吧？而在徽州，这样一个相对比较原始的农耕文化的地方，人们可以自在着自己的心。而你看到的灰瓦白墙、石木砖竹，又如一部部沉厚的线装经典古籍，任你随意翻阅，随情浏览，随性感慨。在咀嚼徽州文化无限魅力之时，使自己的情感再次找到寄托支点，再次感受到灵魂回家后的温暖。

我们不能永远年轻，永远热泪盈眶，却依然对一个更美好的世界怀有乡愁。乡愁就是那样的一种感觉，说不清，但你一定懂，在这种感觉的支配下，我们的茫茫心海中，总有一处若隐若现、停泊小憩的港湾。这就是西递。

这里，古时是一个驿站，西风古道上日行八百的骏马，在这里短暂的停留，补给温暖和力量。也许正是这特有的使命带给了西递独特的气质，

让异乡人愿把这里当故乡。

美国作家托马斯·沃尔夫说过这样一句话："认识故乡的办法是离开它，寻找到故乡的办法是到一个异乡去找它。"西递不知身是客，愿把他乡当故乡的人不少，他们中的一些人从大城市来，住进小山村，为了他们的现代田园梦。

西递村里有我特别喜欢的一个客栈——猪栏酒吧。老板一家以前在上海，有自己的事业和房产，但是他们说那种重复的生活让他们看不到尽头，甚至产生了厌倦。所以，他们来到这里，用七年的时间打造心里的故园，寻找另外一种生活，或者说在恢复一种生活方式。

来这里的客人，大多不会去刻意走马灯似的逛景点，大把的时间拿来在"猪栏"里过起"猪的生活"：日照三竿，慵懒起床，关心粮食和蔬菜，享受清新的空气，沏一杯好茶，翻一本好书，若再有音乐响起，心，便摇曳起来，漫天寂静。原来我们的生活可以不那么喧嚣，每个毛孔都像被熨过一样的柔软服帖。

其实啊，并不一定是要照搬这里的生活，更多的是我们的心。清新的空气、自然的田园、温暖的阳光、舒缓的节奏，如果像这样，再住进一座粉墙黛瓦的老房子，那不是心的故园，还能是哪儿呢。

四季可以缓慢，如果太阳愿意。人生可以自在，如果你愿意。

你的心在哪里？心中的故园又是什么模样？

杭州：心如西湖水

去杭州，不能不去西湖。

西湖边的典故多得很，许仙白娘子的千年等一回，苏东坡的“欲把西湖比西子”，梁山伯祝英台的彩蝶双飞……相比之下，我还是更喜欢苏小小。

> 妾乘油壁车，
> 郎跨青骢马。
> 何处结同心，
> 西陵松柏下。

不知还有多少人还记得这首江南小诗，朴朴素素地道尽了青年恋人约会的无限风光，却让鸿儒大豪为之折腰。美丽的车，美丽的马，一起飞驶疾驰，完成了一组气韵夺人的情感造像。

苏小小，生平无详考，相传是南齐时钱塘名妓，年十九咯血而死，终葬于西泠之坞。但也有人认为苏小小根本就是后世文人雅客杜撰出的人物，现实中并不存在。史中没有记载的青楼才女苏小小，生活在1500多年前的南齐时代，自幼父母双亡，悲惨的身世却无法阻挡她祈求爱情的勇气。流传当年苏小小的初恋始于一段偶遇，她认识了官宦子弟阮郁，两人的爱情却被阮郁的父亲发现，并将阮郁严加看管，苏小小日日盼郎归终于病倒了。此时，生命烛光已渐渐熄灭的苏小小又遇上一位书生鲍仁上京赴考，他因盘缠短缺无法成行，苏小小变卖首饰倾囊相助，后来鲍仁金榜题名，衣锦还乡之时却发现苏小小已经香销玉殒，鲍仁感激于苏小小的知遇之恩而抚棺大哭，最终将她安葬在西湖边的西泠桥不远处。对此，民间有许多说法，有人说这鲍仁是苏小小的新情人，但更多人宁愿相信苏小小是个识才爱才之人，这也为她的身世增添了许多神秘色彩。

油壁香车风尘路，
天涯何处寄情书？
纵有情人无数个，
哪个男儿是丈夫？

多情如小小，却不幸地在最青春的十九芳龄咯血而死，更不幸的是未能遇到真正跨着青骢马的有情郎。

西泠桥头的六角亭里，高而俊秀的飞檐下，一弯灵秀的弧浅浅淡淡，萦绕在波光中。整个亭子以清淡雅致的蓝黄白三种色系，为游人氤氲着淡淡穆然的情愫。

“生在西泠，死在西泠，葬在西泠，不负一生爱好山水”是苏小小的遗愿，西泠桥畔的埋香之所，既了却了佳人遗愿，也成就了那一个个牵人魂魄的传说，将一抹西湖之色染上了浓淡相宜的悲艳。

泰顺：廊桥寻梦

桥在各种建筑中似乎是最浪漫的一个，一部小说和一部电影，《廊桥遗梦》在人们心中刻下的印痕轻易挥不去。无论是否有相似的情愫，去廊桥寻个梦总不算过分吧。当然了，不是去地球背面的那座“麦迪逊郡之桥”，是去看中国土生土长的泰顺廊桥。

“廊桥”顾名思义，就是有屋檐的“桥”或者说是溪流上的“风雨亭”。浙南的泰顺县素有中国廊桥之乡和古廊桥博物馆之称。这个明代的古城，位于浙南山区。南与福建省为邻，素有“九山半水半分田”之称。

境内山高路远，群峰叠翠，千米以上的山峰就有179座，平均海拔490余米。

历史上，许多名人贤士为逃难乱，陆续迁移到泰顺这个群峦升沉、人迹罕至的“世外桃源”，缔造了具有山区田园特色的居住文明，留下了无比珍贵的历史文化遗产。泰顺廊桥，就是其中最精彩的代表。据《泰顺县

交通志》记载，到1987年，全县现存桥累共计958座，总长16829米。

历史上的泰顺村落分散，交通偏僻。人们出外行走十几里都难以见到人烟。按照泰顺先祖们的“交通规划”，在相隔一定里程的大路边上，要建上一座供人歇脚的风雨亭。而桥上建造屋檐，不但可以保护木材让建造的桥梁免受日照雨淋的侵袭，而且起到风雨亭的作用。有的廊桥还有供人暂居的房间。近百座造型古朴、风格独特的古廊桥镶嵌在山水之间，如长虹饮涧、似新月出云。

北宋名画《清明上河图》中，曾经在突出的位置上画了一座拱式木桥，也就是历史上享有盛誉的“虹桥”。它和河北赵县的安济桥、泉州的万安桥、潮州梅县的广济桥并称中国四大古桥。其他三座桥梁至今仍保存于世，而汴水虹桥却只留在了画中。后来据说这种造桥技术失传，这种木桥也神秘地消失了。很长一段时间以来，人们一直认为“汴水虹桥”技术已经失传。

直到20世纪70年代末，著名桥梁专家茅以升主持编写《中国古桥技术史》，专家们在考察中发现，北宋时期盛行于中原的虹桥技术在闽浙大地重现，这无异于在闽浙大地上发掘出了一座中国古代科学技术史的“侏罗纪公园”，尘封了900多年的虹桥结构重见天日。

廊桥在文人的笔下，总是充满了浪漫的色彩，然而现实中的廊桥演绎的则是另一个梦，更厚重，更醇和。

外滩：夜，上海

上海，可以玩的地方太多了，可我偏爱上海的夜。

导演张一白有部很不错的电影《夜，上海》，在戏里，被荣誉和鲜花簇拥的化妆大师独自出逃，在大街上像野孩子般奔跑。于是，不修边幅的女司机忽然变得风情万种，含羞答答地跟乘客谈起自己的暗恋对象。他不想再爱，但不知如何结束；而她的爱还未开始，就要结束。化妆师与女司机邂逅在上海的雨夜，给了彼此一段经历，也给了彼此温暖以及力量！她让他鼓起勇气说出“我已不爱”，他让她拾起自信说出“你爱我吗”。

夜晚总是让人变得无比感性。夜幕降临，我们开始更关注自身，聆听内心的告白。那些无法逃避的空虚和寂寞，难以丢弃的回忆和伤痛，让人变得相当虚弱，当一切都无所遁形时，我们又变得勇敢起来。

如果，是走在夜晚的上海，我想这种感受应该更强烈吧。

上海，一直被认为是中西方文化交融最成功的城市，在这里，不同的文化激烈碰撞、和谐反差、完美相溶。

夜十点半，商场开始打烊，所有的灯光却未熄灭，风起了，空气清凉而充满物质的味道。心情恰到好处，眼却目不暇接。

夜晚的上海不能不去外滩，那里是上海中西结合的精华所在。假如有足够的时间，可以沿中山东路反复往返，走上十遍都不算过分。次数不同，时间不同，灯光不同，外滩呈现给你的个性也各不相同。

外滩曾经是个小渔港，有一张很著名的老照片，英国的军舰，当时的小渔船，同时停泊在江面，感觉恍若隔世。历经半个世纪，外滩建筑发展为眼前的规模，24幢大楼的建筑师中有英国人、法国人、匈牙利人、美国人，唯一的中国人是设计那幢中国银行大楼的陆谦受，一位毕业于英国建筑学院的才子。

从风格看，这些建筑有哥特式的，巴洛克式的，古典派的，新古典派的，折中主义的，现代主义的，甚至日本西洋式的。当时，这些国外二流建筑师都跑到了上海，现在看他们是一流的。在遥远的中国上海，在这张白纸上，他们没遮没拦地涂抹他们的个性，嫁接不同的风格，所以外滩是一个地道的“混血儿”，至少在亚洲是找不到这样驳杂、丰富的建筑样式了。

就拿和平饭店来说吧，就是早年的沙逊大厦。建造者是维克多·沙逊，一个类似《威尼斯商人》中夏洛克的犹太商人，一个瘸子，老上海们叫他“跷脚沙逊”。他的祖上开创了沙逊洋行，林则徐禁封的大烟，多数是沙逊家族的鸦片。瘸子沙逊是上海数一数二的大亨，1929年开张的沙逊大厦属于芝加哥学派风格，高13层，77米，号称“远东第一”。让人想不到的是，这座生命力爆满的大厦在1992年还被国际饭店组织评为“世界著名饭店”，国内仅此一家的殊荣。德式、意式、法式、英式、美式、日式、印度式、西班牙式、中式客房里，曾经是名流出入，马歇尔、司徒雷登、萧伯纳、卓别林、宋庆龄、鲁迅……现在你可以在身着大红披风的侍者的照应下，进入大堂，乘电梯登上顶层的花园餐厅，来一杯啤酒或咖啡，远眺南边的外滩，对面的陆家嘴；你还可以再问一问侍者：“当年卓别林夫妇来这儿，住哪个房间呢？”

在上海，你会经常遇到这样的情况，不经意间和一个老故事相逢了。奇妙的感觉。

有一次，在衡山路、东平路的一家餐馆吃饭，沿着古色古香的木楼梯上到二楼，在一大套间的厅内坐下，看窗外，绿荫环绕，感觉特别好。问：“这是什么餐馆？”答：“席家花园，老房子。”原来是没有留意门外的牌子：国民党原中央银行行长席德懋私宅，欧式建筑，建于1913年，上海市重点文物保护单位。

衡山路，就是这样一个地方，一进来，光亮度顿时下降，一个相当私人化的空间。宽宽的梧桐大道，西式的洋房、古典的教堂、街头的公园、私人的小院、各色咖啡馆和酒吧餐厅在那暖黄色的柔和街灯下，把心安静。

当然了，还有静安寺，应该最有海派气质的地方了吧，除了静安寺庙，还有百乐门的传说，有新老梅龙镇，还有希尔顿、波特曼、锦沧文华……

有朋友出生在北京，工作在上海，他说，如果非要拿北京生活和上海生活做一个比较的话，上海的生活更像生活，活得细致。上海的夜生活，是时尚的，也是平民的，是老少咸宜的；上海的夜生活，不可无商店、不可无酒吧、不可无外滩。上海的夜生活依旧像一个风情万般的女人一样，在不经意之处给你一个贴心的温暖微笑。

这是一座摩登的城市，一座怀旧的城市，追逐着未来，并在回忆中与当年的灿烂相遇。

鼓浪屿：琴声曼妙

舒婷在她描写鼓浪屿的书《真水无香》中，有这样的句子：“脚下是一块巨石，钢琴似地凌空伸向海天。”“偶过的脚步蹀蹀可辨，一片两片落叶夹杂其中，像切分音。”在鼓浪屿，琴声像空气一样，存在得理所当然。

鼓浪屿位于厦门岛西南隅，与厦门岛只隔一条宽600米的鹭江，轮渡5分钟可达。鼓浪屿原名圆沙洲、圆洲仔，因其西南有海蚀洞受浪潮冲击，声如擂鼓，明朝改称“鼓浪屿”。据20世纪50年代初的一项统计，面积仅1.78平方公里，人口不过1.7万余人的鼓浪屿，全岛的钢琴总数共达500多架。钢琴拥有密度居全国之冠，又得美名“钢琴之岛”、“音乐之乡”。

鼓浪屿得此雅号，当然和它独特的历史文化背景和优越的地理位置分不开。鸦片战争之后，西方列强加紧了对中国的侵略，弹丸小岛的鼓浪屿遍布着各国的领事馆、洋行和教会。120多年前，随着基督教的渗入、扩展，乐器之王钢琴进入鼓浪屿的教堂，由此西方音乐也在鼓浪屿兴盛起来了。到20世纪二三十年代，包括钢琴在内的西洋音乐逐渐从鼓浪屿的教堂、学校进入家庭。与此同时，许多留洋归来在鼓浪屿居住的闽南人，因为具有很高的西洋音乐的造诣，把音乐视为高雅的休闲娱乐方式，又使得钢琴等西洋音乐通过“家庭音乐会”这种形式对鼓浪屿的社会文化产生了“润物细无声”的影响。西方某些人未曾想到，原来想让音乐把鼓浪屿人引向天堂，可鼓浪屿人却通过钢琴走进了音乐的殿堂。

正是这样的音乐文化氛围，鼓浪屿孕育了众多的音乐家、钢琴家：周淑安、林俊卿、殷承宗、吴天球、许斐星、许斐平、陈佐湟、许兴艾等等，又由于这些活跃在海内外音乐舞台上的音乐家、钢琴家，又让鼓浪屿的“音乐之乡”、“钢琴之岛”的美名四处远扬。比如殷承宗，他是新中国成立后第一位从鼓浪屿走向世界的著名钢琴演奏家。1941年，殷承宗出身在鼓浪屿的一个充满音乐氛围的家庭，家庭成员和亲友大多擅长音乐。耳濡目染的殷承宗从7岁就开始学弹钢琴，9岁就能登台独奏并举行音乐会。他参与创作的钢琴协奏曲《黄河》，是中国民族交响音乐的代表作。

不仅如此，鼓浪屿上还有一座 “中国唯一，世界一流”的钢琴博物馆，美丽的菽庄花园里，依次陈列着70余架古钢琴。旅居海外、祖籍鼓浪屿的胡友义先生，把毕生收藏的世界著名钢琴都运到了故乡，让一世的琴缘在故土鼓浪屿落根，他说：“不论在世界的任何地方，鼓浪屿都是我永远的故乡，我把我毕生收藏的钢琴放在鼓浪屿展览，是我将自己最珍爱的东西搬回了家。”

在钢琴弹奏的乐曲声中，我们可以缓步浏览这一架架原产自英国、德国、法国、奥地利、美国、爱尔兰等地的各具特色的钢琴。譬如，这里的一架“克莱门蒂”钢琴，19世纪初在伦敦制造，它的声板、弦框都是木制的，体积较小；当时制造钢琴的都是木匠，而此琴的制作者却是被称为“古钢琴之父”的音乐家和作曲家克莱门蒂。另一架1824年同样制造于伦敦的“布罗伍德”，是高达6.5尺的、声板和琴槌均系木制的立式钢琴，由于演奏时听众看不到演奏者，流传不久就被淘汰，而在此地却还能看到这种早已失传的钢琴。还有19世纪中叶制造于柏林的“舒维登”钢琴，纵向弦，琴身用上乘的桃花心木制成，琴台上有两盏油灯作为照明；一百多年过去了，这架古老的钢琴仍保持完美。

就在这钢琴博物馆里，有一条世界唯一的特色钢琴长廊，第一间是钢琴家许斐平先生的琴室，这里的钢琴、挂钟、古典家具全都是从许斐平先生的故居中搬来的。 墙上的时钟定格在10时47分，2001年11月27日晚的这个时刻，这位“鼓浪屿之子”在齐齐哈尔与世长辞。琴室里的这架钢琴就是许斐平先生童年时弹奏的钢琴，在琴上摆放了许斐平先生的全家福和他微笑着的照片。这里每天都将播放着许斐平先生生前灌制的钢琴CD，灵动的乐声中人们深深地怀念着这位英年早逝的杰出钢琴家。

在钢琴博物馆内参观的旅客，都自觉地轻声走路，生怕干扰到优美的钢琴声。展厅里的古钢琴得到厦门能工巧匠的完善养护，不仅音色纯正，外观也典雅古朴厚重，散发着“乐器之王”从内到外矜贵完美的魅力。

漫步岛上，一幢小楼，一架钢琴，就能吟唱一座明媚天堂。曼妙的琴声无处不在，不仅是钢琴，悠扬的小提琴声，轻快的吉他声，动人优美的歌声，加以海浪的节拍，真的是如在音乐梦境之中了。

明月装饰了你的窗子，琴音装饰了海的梦。指尖流动下的曼妙令人着迷，你在琴音中看风景，风景也在找寻你。

鼓浪屿，琴声如此曼妙，庆幸耳朵遇见你。

土楼：神秘的句号

有这样一个故事，上个世纪60年代，美军的侦察卫星在中国的南方山沟里发现了一些圈筒状的建筑，怀疑是核弹发射井。于是，就花了20年的研究，用间谍卫星拍下无数图片，可还是没法了解这1500座“核弹发射井”里面的“机密”，中情局只好在1985年派出一对夫妇伪装游客，去实地侦查，终于发现，那些“发射井”只不过是寻常人家，名字叫做客家土楼。

在福建西南一带，建土楼的传统由来已久。据说，已经有差不多700年的历史了，当时是为了抵御外敌和恶劣的自然环境，建成合围成圆圈形的建筑（也有建成方形的，但一般要依附于山脚，或者圆形土楼之旁），保证内部的安全与宁静。比起砖石和木质结构，建造土楼的工序要繁琐许多。在大量生土中，掺上石灰、细砂、糯米饭、红糖、竹片、木条等，并反复揉和、舂压、夯筑，建筑场面十分热烈，整个过程看起来不大像在盖房，倒像是在过节。

客家人在土楼里聚族而居，一层为厨房，二层为仓库，三至五层为起居室，院落里有水井，有宽阔的活动空间，其温馨和谐的场景想想都觉得美。客家人喜欢土楼，还因为它有防盗、防震、防兽、防火、防潮、冬暖夏凉等优异性能。外面看土就土吧，在门面与实用无法兼顾的时候，我们当然首选实用。听说直到近代，抢匪的火枪都无法穿透那厚厚的土墙，任凭楼外台风大作，楼内也不过仅仅是微风拂面。

在这么多的土楼中，我偏爱南靖县书洋乡田螺坑的土楼建筑群，一方、四圆五座土楼相互映

衬，如山野中盛开的花儿，有人戏称之“四菜一汤”，令人不能不感叹民间语言的生动贴切。

田螺坑地名的来历颇有些故事。有人说，这是得名于村庄背靠的湖岽山形似田螺；也有人说，田螺姑娘的神话故事说的就是黄家祖宗，那个叫黄百三郎的幸运儿，因为田螺姑娘的神助，才能从一个养鸭少年成为一方富绅。

田螺姑娘想必是民间传说，可黄百三郎倒是确有其人。田螺坑黄氏族谱证实，清朝嘉庆年间黄百三郎从永定移居此地，并在这里开始了他的传奇人生。土楼群中的黄氏祠堂中央有祖先牌位，黄百三郎名列第一，而他的墓穴就在距田螺坑二公里外的“五更寮”，每年清明都接受着田螺坑人的祭祀。

真正的故事应该是，这个养鸭少年当年充分利用山涧泥地尽是田螺，以及谷深林密的地域优势，不断扩大生产，为自己赚取了第一桶金。像大多数中国人一样，黄百三郎有钱之后最喜欢做的事就是盖房。最先盖起来的是方楼，也就是“那碗汤”——“步云楼”。沿着高低地势将中厅修建成阶梯状，让人进入大门后就能体会“步步高升”的快感，这样既突出了祖厅的重要地位，又寄托了“平步青云”的美好愿望。“步云楼”建成之后，黄百三郎的后代又环绕着它先后建起了“和昌”、“振昌”、“瑞昌”和“瑞云”四座圆楼。让现代建筑专家叹为观止。

2008年7月6日在加拿大魁北克城举行的第32届世界遗产大会上，“福建土楼”被正式列入《世界文化遗产名录》。

依我看，除了圈数最多、居住人口最多的土楼王——承启楼，最富丽堂皇的振成楼，最高的遗经楼等等，还有一些不能不看。

最壮观的土楼群在永定湖坑镇，数百座大小不一的土楼分布在六个村，形态各异，像一颗颗璀璨的明珠，依山傍水或依山就势分布在南溪河两岸，蜿蜒十几公里，错落有致，气势恢宏，蔚为壮观，被誉为“土楼长城”。

最秀丽的土楼应该是世界文化遗产地振福楼，傍水而建，远处青山绰绰，近处溪水潺潺，老树、木桥、石拱桥与土楼融为一体，相得益彰，构筑了一幅小桥、流水、人家的美丽画卷，人称“土楼公主”。

最传奇的土楼当属环极楼，被称为“大地音响”和“抗震巨堡”。在圆形天井中心喊话，犹如“扩音器”的效果，这个功能至今是个谜。1918年永定发生强烈地震，众多楼房震塌，环极楼外墙被震开一条一尺多宽的裂缝，没想到，随着时间的推移，裂缝又慢慢愈合。

最不得不提的土楼之母——东倒西歪的裕昌楼。这座楼建于元朝，整个楼体所用的木架东倒西歪的，而且这一歪就歪了将近700年。据说是当年的地主克扣建筑者的工钱，于是建筑者就把每个木梁尺寸误差了几毫米，整个一圈楼建下来就差了20厘米，但主体的重心并不受影响，地主不愿重新盖楼，也就歪着住了进去。

……

一座土楼就是一个小社会。客家人为了自身的生存和发展，需要最大限度地自给自足，而土楼的结构及功能充分满足了这个小农经济的特色需要。至今，很多客家人的生活保持着相对原始的状态，在糯米加红糖的敦厚保护下，悠闲而惬意。

有人说，看土楼可以让你体会中国人做人的智慧——外圆内方。人生的巧妙就在于能方能圆，方圆合一，这样才能在社会生活中进退自如，游刃有余，掌握生活主动权，赢得广阔的生存空间。

有人说，圆形的土楼就像是个句号，却引出无数的问号和感叹号。

土楼，是活在历史山坳里的大智慧。

武大樱花：江城的风骨柔情

说起樱花，很多人一下子就想到日本。其实，樱花在中国古已有之，一千多年前，唐朝诗人李商隐写下这样的诗句：“何处哀筝随急管，樱花永巷垂杨岸。”白居易也有诗云：“小园新种红樱树，闲绕花枝便当游。”再然后，元代郭翼有“柳色青堪把，樱花雪未干”，明朝于若瀛有“三月雨声细，樱花疑杏花”等等。

阳春三月，山花烂漫，每年的这个时候，到武汉大学赏樱花，已经成了不少人的习惯，似乎这里的樱花已经成为了一个经典，甚至和黄鹤楼一样成为了武汉的象征。它深深影响着这个繁华的城市。

人们都说“大武汉”，这个概念有些模糊，不妨查一下资料：武汉市，全市总面积8494平方公里，2010年末人口普查常住人口978万人。华中地区最大的城市，长江中下游特大组团式城市。长江及其最长支流汉江横贯市区，将武汉市区一分为三，形成武昌、汉口、汉阳隔江鼎立的格局，也就是人们常说的“武汉三镇”。这样一座老工业城市，处处散发出朴实、厚重的文化氛围，古老的欧式建筑中，一簇簇粉红粉白的樱花就显得更为娇弱。

著名的武汉大学樱花大道位于理学院和老图书馆附近，这两处建筑都属于国家重点文物保护单位。从这里远远就能看到路两旁的樱花树，缤纷烂漫的樱花和武大古朴典雅、巍峨壮观的建筑相得益彰。

四幢民国时期的建筑，沿山而建，用巨大的门洞相连，仿佛四个老人携手守望珞珈。因为每年樱花节的缘故，很多人把老斋舍叫做樱花城堡。沿着有108级台阶的楼梯拾级而上，登上樱顶可俯瞰整个武大校园。每年樱花盛开的季节，推开老斋舍的窗子就能看见潇潇洒洒的樱花雨。望着被花枝掩映，恍若一帘幽梦背后的窗子，沧桑的拱门，感慨流年的肃穆。住在樱花城堡里的人是何其幸运。可以年年等待樱花雨的造访，就那么悠闲地靠在窗口就可以见证一年年樱花如雪的浪漫胜景。

远远望去，繁华满树，似雪，非雪，胜雪，层层叠叠，密密麻麻，眼看枝头也压弯了，金黄的太阳投射在薄的，轻盈的，透明的花瓣上。乍一看单一的一朵花瓣也不起眼，但只要和它们的伙伴同心协力一起展示自己的美丽时，那场面真的很壮观。在樱花丛仿佛置身“世外桃源”，花瓣白色中点缀一层粉红，既有桃花的妩媚又不失梨花的纯洁。

樱花虽好看，可花期很短，一般七天花就开始谢了。花开满山，花谢满山，那种转瞬即逝的美，震撼人心。武大那些樱花树的年龄，至少都有七八十岁以上了。那树枝，斑驳中透着沉稳，也透着干练。那花冠，散发着陈年的香，也矜持着庄重和庄严。苍老的树干，阅尽了多少人间战乱。美丽的花枝，送走了多少时代沧桑。

抗日战争爆发不久，在日本军队的残酷攻击下，当时的国民政府从南京临时迁到武汉，日本飞机也跟到了武汉。当要对武汉大轰炸时，日本侦察机发现，武汉大学的珞珈山及东湖边一片葱茏，绿色可人。1938年10月底，武汉三镇沦陷，武大珞珈山校园亦遭日军侵占。1939年前后，为了缓解住在这里休养的大批日本伤兵的思乡之情，同时怀着炫耀武功和长期占领之意，于是，大批从日本运来的樱花树种在了武大里的今天的“樱花大道”上。

从此，樱花树落地生根，年年春天繁花似锦。1947年3月，武大师生迎来了回归武昌后的首次樱花盛开。有人提出武汉大学的樱花是国耻，要砍掉。 当时武大老校长的一句“人有罪，花无罪”拯救了樱花。就这样，原本产于日本的名花，伴随着硝烟的散尽，在中国的长江中游盛开起来。

待到1973年中日邦交正常化以后，日本政府又多次把樱花树苗送给中国，当时的国务院总理周恩来说：都把它们栽到武汉吧，让樱花来见证，中国和日本，从敌对走向了友好。

一个开头很不美丽的故事，发生在这个美丽的学校，最终，有了一个美丽的结尾。

对了，你知道武汉大学的历史吗？依据史实查证，武大可以溯源到清朝末期，1893年湖广总督张之洞创办的自强学堂，1913年国民政府建立国立武昌高等师范学校，1928年定名国立武汉大学。

春风拂面，纷纷扬扬的白色花瓣如雪飘落。自强学堂、张之洞、汉阳铁厂、京汉铁路、中国兵器中的“汉阳造”——武汉，这座中国近代历史上最早觉醒的城市，以漫天飞舞的樱花姿态诉说着它特有的风骨柔情。

凤凰：永远的边城

一座城的众人皆知，大多数都是因为一个人，一段故事。

说起凤凰，总逃不开沈从文，和他笔下的边城。《边城》里翠翠的故事让我记住了小城里流淌的哀愁与忧伤。

再到后来，读沈从文的故事，知道他算是合肥的女婿，于是便多了几分亲切，对边城又多了几分向往。

从合肥到凤凰，有很多种方式，比如飞机，比如火车，比如大巴，可都需要换乘，一千公里，不长，得在路上折腾两天。疲惫，让刚到凤凰的新鲜感大打折扣。

我不该情绪先行，这样对凤凰难免有失公允。有关凤凰的介绍一般是这样：凤凰，得名其西南部的凤凰山，城如其名，美丽如凤凰，曾被新西兰著名作家路易·艾黎称赞为中国最美丽的小城。

传说，凤凰是人世间幸福的使者，每五百年，它就要背负着积累于人世间的所有不快和仇恨恩怨，投身于熊熊烈火中自焚，以生命和美丽的终

结换取人世的祥和与幸福。同样，在肉体经受了巨大的痛苦和轮回后，它们才能得以更美好的躯体得以重生。

这个名叫“凤凰”的湘西边陲小城，是否有着凤凰一般高洁的气质呢？我表示怀疑。车到凤凰，已经夜晚来临。红的、绿的、黄的……各色的灯照亮小城的每个角落，把本该悠悠流动的沱江染得血红。此时的凤凰，如此决绝地美丽着，像浴着火，低吟着，等待华丽地转身。可我偏偏喜欢平和细润的美，所以，心底泛出毛毛躁躁的不舒服。

我依稀记得沈从文这样描述：“近水人家多在桃杏花里，春天只需注意，凡有桃花处必有人家，凡有人家处必可沽酒。夏天则晒晾在日光下耀目的紫花布衣裤，可作为人家所在的旗帜。秋冬来时，房屋在悬崖上的，滨水的，无处不朗然入目。黄泥的墙，乌黑的瓦……”

应该是一座小小的城，一段残破老旧的喑哑城墙，一条缓缓流淌的平静的河流，几幢摇摇欲坠的熏黑的木质吊脚楼，大大小小的卵石铺就的跳岩上青苔暗生，江边的麻石板上传来的是苗装女子的捣衣声……

很显然，我的想象是多么的不切实际。此刻，我唯一希望的就是在这没有丝毫诗意可谈的喧闹中早早睡去。

早睡是为了早起，我想，早点起床应该可以享受到不一样的凤凰。果然，一团雾气笼罩古城，清晨的沱江，像一位刚刚睡醒的姑娘，旖旎中带着些明朗，那欢快的水流声忽然让整个情绪都高昂起来。远处的霞光渐渐亮了，水雾还没有完全散去，空气湿润而清新，那些吊脚楼上的游客也刚刚苏醒，坐在阳台上，只是看着水面，就觉得时光静静地流淌，昨晚心里那些毛躁的疙瘩被一点一点抹平，自然而美好。

在古镇这一天片刻的古朴中，各家的女人们背着大背篓，到江边洗衣，手中的木棒啪啪地敲打在衣服和青石板上。那声音合着沱江流水的旋律，已经回荡了千年，穿过了战火纷争的年代，穿过了千古昌盛的世纪，更多的是穿过了就像此刻这样恬静的岁月，似乎专门为你而来。这一幕等不到远道的游客起床，因为那时，这里已经不是古镇凤凰了。

这样一座城，亲近竟然只要那么一瞬。

这之后的所有喧嚣统统浮云，即使是吵到不行的晚上也突然变得可爱起来。古城墙下面的流浪歌手正唱《我终于失去了你》，淡淡地，没有一点的声嘶力竭“我终于失去了你，在这拥挤的人群中”，有点忧伤，更多的是无奈，这才是凤凰该有的味道吧。

吊脚楼边流动的沱江水，石板路上未蒸发的雨水，抱着木吉他唱歌的男生，穿着花裙子的漂亮女生，一切都那么宁静而美好。

坐了一会，华灯初上，站在城墙头，蓦然回首，古城里有红色的灯笼亮起，掩映着灰白色的古建筑，心里面一直想象的“那人却在灯火阑珊处”，应该就是这一幅场景了。

再一路走，夜色中的沱江，河水对面有塔，有吊脚楼，有酒吧的喧嚣，有人群的拥挤……有水的地方，自然莫名就多了一份灵性，随便找一家咖啡店坐下，任周边酒吧的吵闹，咖啡店里有一份独有的淡定。

这座枕水的小城，的确流淌着不一样的韵味，是沈从文的边城之情，也是黄永玉的野气个性，还有熊希龄的心忧家国……

这时候，才找到了来凤凰的理由。

郭亮村：太行深处有人家

在太行山腹地，离河南辉县70公里的地方，有一个海拔1752米的原始村庄——郭亮村。它地处山西和河南两省交界处的密林山中，原始荒古，真实自然。

郭亮村，现有83户人家，共329人，大都为申氏。据说啊，郭亮村源于公元9年到公元23年之间的西汉末年，当时王莽建立“新”王朝，这期间爆发了大规模的农民起义。其中最为引人注目的是农民领袖郭亮，一举建立了农民政权。后来郭亮欲凭借太行绝壁峡谷与敌交战失利后，从会逃寨兵败山西。后人为纪念这位农民英雄，将他当年战斗过的大本营誉称为郭亮村，直至现在。

要抵达郭亮村，必须要穿行太行大峡谷，峡谷绝壁的岩石是红色的，从沙窑乡乡汉寨坝顺天梯登崖顶是件很不容易的事情。因为这天梯是由块块不整齐的岩石垒起或直接在90度角的岩壁上凿出来的石坑组成的，看起来就很危险。过去这条绝壁路，曾是大山中唯一通往中原的古道，阻碍着与外界的交流，困扰着一代代山民。直到1972年为让乡亲们能走下山，13

位村民决定卖掉山羊、山药，集资购买钢锤 、钢锉。在无电力、无机械的状况下全凭手力，历时5年，硬是在绝壁中一锤一锤凿出2.6万立方米的一条高5米、宽4米，全长1300米的石洞——郭亮洞， 1977年5月1日通车。这5年里，还有村民为此献出了自己的生命。而这条绝壁长廊，被日本裕田影视公司惊称为“世界第九大奇迹”。

现在，倒是有不少户外爱好者来到这里从天梯登顶，就是想领略一下先人险行的感觉。 红岩绝壁约有200米亮，耸直陡峭，像快斧整劈过一样，格调雄浑，令人生畏。头顶密布的乌云使峡谷更显磅礴大气，走在云梯上仰望山体无不被险峰所震慑，壁缝填满双眼。向上只能看到上一层的石梯底面，向下只见峡谷中水浪翻滚，涛声回荡，煞有不上不下之感。多处石板老旧脱落，掉落谷中，崖壁石缝里有许多小树和小草，它们都有一定的韧度，成为很好的“拉绳”，一路提心吊胆，磨破双手，足足忙了大半天才登顶。放眼望去，黑色的浓云威压着大峡谷，云层遮没了阳光，使山显得阴暗，山的阴暗又进一步衬托出云的阴暗。云和山，就这样浑然一体。

若是没有足够的技巧和胆量，还是老老实实的从郭亮洞穿行为好。绝壁长廊郭亮洞，蜿蜒盘旋、忽明忽暗、上下不一，洞壁有的整齐平坦，有的参差不齐，形状各异。站在峡谷对面万丈石壁上，静观郭亮洞，犹如石壁上的“机枪眼”。洞外瀑布成网状，洞下水潭碧绿诱人，悠闲的牛羊漫步在奇石、丛林之间。秋季，黄色的柿子、红色的山楂、绿色的核桃挂满枝头，好一派世外桃源之雅景。

郭亮洞不远处，藏有奇景“冰窑”，哪怕是炎热的夏天，故然冰封不动。抬头大喊，骤然间一条瀑布从天而降，飘染全身。喊声过后，又恢复往日的寂静。瀑布间从绝壁顶上一空心圆洞中垂直落下，远看恰似“龙须”又称“龙吟”瀑布。周围还有万仙山和南坪两处自然保护区。

虽公路已成，但车辆稀少。盘山公路一重一重，让人想起丽江到泸沽湖的山路十八弯，让人不自主地产生好奇和幻觉，这公路的尽头到底是哪里。而公路两旁的山崖，丹霞地貌原来也可以如此巍峨，太行山脉的壮观不言而喻。

郭亮村寨里，朴实随处可见：石磨、石碾、石巷、石桌、石凳、石床、石阶、石房、石坝、石路、 石碗、石筷、石桥、石斧、石锄……让人完全溶浸在石头的奇妙怀抱之中。当问起村民为何用这笨重的石头营造一切时，老乡笑话我们道：“石头是我们的一切，那儿有祖辈的灵气 ，是后辈的希望，制造石器只花力气，不花钱。习惯了!”

古村小巷更加安静，隔夜的车轱辘印子，新鲜的牛粪，枝头上残留的山楂，每一样都能让人兴奋。

有时间的话，就在这里静心待上半月，凌晨听雄鸡报晓、午时闻雌鸡下蛋、晚间听山雨沥沥、俯在地上倾听地下河 的哗哗流水声。喝上二两老白干，大口吮吞着大青辣，在来回摆动的油灯下，听着老乡们的唠叨，那真是一种原始古朴的雅致。

也许过不了两日，你就会觉得在这太行深山里度过了漫长的岁月，好像从来没有去过山外的世界。

景德镇：泥和火的世界

1984年的春天，美国人鲍尔在纽约一家公共图书馆里，无意中翻到一本书，书中讲述戴安娜号船遇难沉没的过程，介绍船上装满中国精美的瓷器，数字惊人，每件物品都价值连城。

仿佛这是一种前世姻缘，鲍尔从此恋上了戴安娜号。他辞去了一份很好的工作，下定决心，要靠自己的力量去打捞戴安娜号。1988年，鲍尔成立了自己的打捞公司。1991年，鲍尔海上搜寻戴安娜号正式启动。

1995年3月的一天，戴安娜号给了鲍尔丰厚的回报——200多种，共计23821件中国景德镇瓷器。

景德镇有1700多年的制瓷历史了，远在东汉时，便有人在这里烧制陶瓷。到唐朝时，便能造出一种像玉一般晶莹润滑的青瓷和白瓷。那时，外国人还不会制造瓷器，看到中国这种精美无比的瓷器，感到非常神奇。尤其对明代景德镇生产的青花瓷，外国人更是喜欢，视为奇珍异宝。有一年普鲁士皇帝选皇后，为了炫耀自己的富有和讨皇后欢悦，竟不惜用600名骑兵与邻邦君主换取中国景德镇的瓷器。波斯的哲学家爱尔托西甚至神秘地说中国景德镇的青瓷餐具可以使有毒的食物变得无毒。

瓷器是中国古代文明的象征，而景德镇又是这个瓷器之国的代表。中国的英文名称CHINA的小写就是瓷器的意思，而“景德镇”这三个字也有特殊的意义。在宋代之前，景德镇曾有过好几个名称：新平镇、昌南镇、陶阳镇。历史发展到宋代，南北名窑林立，突出的有汝、官、哥、钧、定五大名窑，而当时的景德镇瓷业生产也进入一个崭新时期，无论是在产量上还是制作技术上方面，都超过前代。宋景德年间，真宗皇帝赵恒命令烧造御用瓷器，并把他的年号“景德”赐给这里作为地名，从此“景德镇”名扬天下。

如果是因为瓷器的缘故来景德镇，不应该是简单、随便的，就像那千年传承下来的瓷器不应该做得粗劣不堪而沦为大路货。或许，我们至少该带些虔诚、带些景仰来探视这个让我们魂牵梦绕的城市和城市中涤荡人心的瓷魂。在景德镇的街道上游走，随处可以发现以青花为主色的瓷柱路灯、瓷窑模型，无处不彰显瓷都的底蕴与个性。

古窑民俗博览区是国家公布的4A级景区，在这里，可以欣赏到瓷工精湛的传统手工制瓷技艺，看那洁白的瓷土，在辘轳车上欢快地旋转，那灵巧的双手，在瓷土上弹拨着美妙的旋律，就在这千年不息的韵律中，一只只充满生气的碗、盘、杯、瓶出现在您的眼前。

在这里，您还可以领略到明清古建筑的魅力。那硕大横梁上的斧斫印，那精巧窗棂上的凹刨线，那高挑的飞檐，那厚重的墙砖，都在叙述当年的繁华，岁月的沧桑。

在这里，还有一座清代镇窑，始建于距今约300年的清朝乾隆初年，是目前景德镇仅存的一座保持镇窑原貌的柴窑。1995年前一直维持正常烧炼生产，窑火熊熊燃烧了上百年，曾为清朝皇族和民间烧制出多批精美的陶瓷。镇窑为中国传统陶瓷窑炉中独具风格的瓷窑，由于历史上景德镇烧窑的主要燃料是松木，所以也叫“柴窑”；又由于这种类型的窑是明末清初景德镇的首创，所以，人们又把它称为“景德镇窑”，简称“镇窑”。

其实，去景德镇看瓷，最好还是官庄，那里仍然聚集着原汁原味的手工窑场。拉坯表演的70多岁的老人，从11岁就开始跟着父亲拉坯了，到现在，景德镇还没有一人能超过他的技术。可看着，总有些酸楚，老人不应坐在这里表演啊，他若带徒，对景德镇手工制瓷的传承会有更大的意义吧。只是，现在年轻人除了迫于生计，没有谁会愿意再学这种手艺了。在瓷行各业中，拉坯工是最苦的，民谣云“坯房佬，坯房佬，捣泥做坯双手搅，弯腰驼背变短命，死了不如一棵草”。

轳辘车还在飞快地转动，转动如那川流不息的岁月。那南河侧畔，曾经水土丰茂，曾经千帆待发，曾经烈焰冲天，曾经陶歌声声，那里曾经流淌着一条瓷器的河。远古时候，在洪荒过后，在原始大火过后，人类从那烧得坚硬结实的泥土上得到启示，于是制作了陶罐陶盆。除了木棒和石块，陶器该是人类制作最早的器具了吧。这些陶器，蓄了清清的水，盛了金灿灿的谷粒，满载了人类沉甸甸的智慧和希望。坚硬的陶瓷，是人类历史的河床上最早的斑驳。而这些陶瓷的最初，却是柔软的泥，灵魂在千年的窑火中传承，在生命的阵痛中，把万座窑炉之火的焰色和光彩，一脉相承地点化在景瓷之上。

瓷上的冰纹之美，如四季的风，收编了昌江的蜿蜒，凝固了瑶里精美的山川。每每看到了晶亮亮的景瓷，就如看到了这个城市的灵魂：白如玉，明如镜，薄如纸，声如磬。

皇帝将年号赐给了它，一门与国同名的艺术陪伴了它千年。古老印章中这三个从不分离的字俨然已成一个符号，一种象征。皇家贵族的宝库中，寻常百姓的居家里，最昂贵的花瓶或最亲切的茶杯，在它们的底座上可能都带有这样的印记。

这就是泥火交融的千年瓷都：景德镇。

成都：快乐慢生活

“快成都，慢生活。”这话是我在成都一个小咖啡馆随手翻看到的。

快是快乐的快，慢是慢一点的慢。

快乐是成都人的生活心态，所以他们热爱旅游、热爱美食、热爱音乐和诗歌。他们其实心里都明白，“快成都”的底气归根结底来自“慢生活”。

慢条是成都人的生活节奏，所以他们热爱麻将、热爱喝茶、热爱掏耳朵。他们其实心里都明白，没有“慢生活”就没有“快成都”。

我除了第一次去成都，之后的这些次都是在成都转机，去丽江或者去拉萨，在成都过一夜再走，成了这些年的习惯。

为什么呢？我也在想。也许，从平时生活的这个状态到旅行的那个状态，需要一个缓冲，成都——再好不过，它把平日里那个精神紧绷、手脚忙乱的我们理顺了、捋直了送往下一站。

你说，成都，怎么就有这么大的能耐呢？

如果没有去过成都，那你一定不知道成都人可以悠闲到什么程度，只有走在这个城市，听他们说话拖着长长的转音，看着他们在密集的仿古商业街区和巷子转悠，潇洒又认真地过日子，那种理解才能渗入骨髓。心中满是羡慕。

去成都，不能不去锦里，因为要去锦里喝茶、搓麻、掏耳朵。

有街就有茶馆，茶馆之于成都，如同咖啡馆之于巴黎，是这个城市的景观、灵魂和生活方式。从消费昂贵的茶楼，到河边、公园里的露天茶馆，从老人们最爱的街边茶馆到“穷街陋巷”里专供民工喝茶看录像的“苍蝇茶馆”，成都的茶馆有数千家且十分民主：任何年龄、任何层次的人，都可以找到自己可坐的茶馆“腐败” 一番。而锦里，因为背靠武侯祠，所以喝茶就成了再安逸不过的事。

安逸，是成都话里最常用的一个词。作为一个拥有数千年消费传统，且气候物产让人称心如意的地方，空气中难免飘荡享乐的气息。如果你让成都人来点评一下全国的大中小城市，成都人很难给某一座城市安逸的评语。只有在说到成都自己的时候，他们才会众口一词：成都，好安逸哦!

成都的安逸还在于噼里啪啦的搓麻声，有这么一个笑话：一个人乘飞机去成都，总不清楚什么时候到，于是便向邻座：什么时候到成都? 对方回答：当你听到一阵哗哗哗的麻将声，成都就到了。成都人听了这个笑话都会说：太对了，这就是我们成都。

在锦里，除了喝茶搓麻掏耳朵，成都女孩也不失为一景，她们手里大多夹根烟，与男人夹根烟喜欢沉思的表情相比，她们的表情只透出一丝闲情逸致。所谓草根的悠闲生活，也许就是这样，连夹根烟，也可以显得那么无忧无虑，处处透着大俗大雅的格调。但成都一向是没定性的，有人说成都属于坤地，是混沌中的混沌，向来与理性思维无干。锦里刚兴起来时，成都人都将锦里当成了成都的代表，等宽窄巷子出来的时候便坚决反对，而时间一长久，便又觉得宽窄巷子便是成都的本来模样，锦里却似慢慢落了下风。

宽窄巷是成都遗留下来的较成规模的清朝古街道，由宽巷子、窄巷子和井巷子三条老式街道及它们之间的四合院群落组成。近几年虽然经过翻新改造，但宽窄巷子的“安逸”渗透于巷子的每一处。清初年，当局在成都城西修建满城，作为满蒙八旗及家属居住区。康熙六十年，四川提督年羹尧奏请朝廷留下几千名清兵永久驻成都，因此宽窄巷子多少也秉承了部分安逸的旗人遗风。

从某个角度来讲，去成都不去宽窄巷子总觉得有些不完整，不当一回游客，去领略一下诗人们开的餐馆和酒吧也可以。翟永明的“白夜”、石光华的“上席”、李亚伟的“香积厨”，还有唐蕾的“小酒馆”等，这些人和地方勾勒出的是一个与诗歌、美食、摇滚相关的闲适成都。

随意找一个酒吧坐下，理由可以很简单。可以因为它今晚有场安静的钢琴演奏，可以因为它有驻场乐队在唱伤心的情歌，可以因为它有半屋子的书供你喝茶时阅读，可以因为它有一场皮影戏或木偶戏足够养眼，甚至还可以因为门口有一只慵懒的猫端坐在地板上，只等你停下来，走进来，一个夜晚的时光就在你的随心所欲中安然地度过。而巴山夜雨，说来就来。宽窄巷经过一轮高朋满座、呼喊咆哮、茶酒同乐的热闹之后，会在十点钟悄悄安静下来，这时候，湿漉漉的巷道在恍惚迷离的灯光辉映下总是多几分暧昧。

有人打了一个很贴切的比喻：成都人若手里有两块钱，他们大多时候会花掉一块五，只攒下五毛钱。到了宽窄巷子，你会明白成都人那手里的一块五都花在了哪些地方。从清朝遗留下来经改造的古街道，宽窄巷的建筑面貌保留着久远的民俗气息，同锦里相比，这里多了一种叫做情调的东西。各种公益博览、特色餐饮、宅院酒吧、创意策展、休闲茶馆汇聚在巷里，被称为“院落式情景消费街区”，要什么，有什么。这里没有浓浓的充满铜臭味的商业气息，连休闲都特别追求文化的成都人，把自己的生活过得很认真也很雅趣。

宽巷子的“窄”是逍遥人生的印记，窄巷子的“宽”是安逸生活的回忆，老成都的闲适、新成都的时尚都在这巷子里了。一种恬静、一种悠闲、一种温润与一种平和。成都是天府，宽窄巷子就是成都的“府”。宽窄巷子现如今成了有着悠久历史的成都名片，在这里人们似乎能触摸到历史留下的痕迹，也能体味到成都最原汁原味的休闲生活方式

“也许成都真的是一座没有太大野心的城市吧。”从正当红的宽窄巷子、昔日辉煌的玉林到游人如织的锦里，甚至包括乡野的平乐古镇——对于成都人来说，除了舒适的当下，没有什么值得真正一成不变。

重庆：火锅就要这个味

重庆，处于崇山峻岭之中，外加大江大河汇聚于此，从远古到近代，重庆一直“养在深闺人未识”。直到二战期间，重庆作为中华民国的战时陪都才名煊一时。1997年，重庆成为继北京、上海、天津之后的第四个中央直辖市，同时也是最大的直辖市。

山、水、雾、雨，构成了重庆城市外表水墨写意的基调，在白昼也恍如黄昏般的阴霾里，重庆人学会了如何调节自己，不致被阴暗的天气左右了情绪。大啖麻辣火锅，也许就是这种调整的世俗表现。麻辣的火锅味儿让这样一座山水相依，终年雾气弥漫的城市，摒弃了柔媚、缠绵，滋生出豪爽和泼辣。

关于重庆火锅起源说法不一。一般的说法认为，新中国成立前重庆地区交通不便，商旅来往中原全靠长江水路，船工无论寒暑都驾船行住江上，为了抗风寒，船工纤夫们用辣椒、花椒浓浓地熬一锅汤，买一些当时最便宜的猪牛肉和菜，一起煮进去，大家团团围坐而食，在麻、辣、烫中吃出一身汗来，既抗寒御湿，又是一种乐趣。还有一个故事说，清朝有一位高官乘船来重庆，受了风寒，吃不下东西，但吃了“重庆红汤火锅”后病情大为好转，重庆火锅的名声便传了出去。

重庆火锅来源于民间，升华于庙堂，无论是贩夫走卒、达官显宦、文人骚客、商贾农工，还是红男绿女、黄发垂髫，其消费群体涵盖之广泛、人均消费次数之大，都是他地望尘莫及的。作为一种美食，火锅已成为

重庆美食的代表和城市名片，以至于人们说：“到重庆不吃火锅，就等于没到重庆。”

重庆火锅在吃法上独树一帜。昔日的老重庆火锅馆内，特制高大的桌凳，铁铜质地的锅下，炭火熊熊，锅里汤汁翻滚，食客居高临下，虎视眈眈盯着锅中的菜品，举杯挥箸。尤其盛夏临锅，在炉火熏烤中汗流浃背，吃得起劲时脱掉上衣赤膊上阵。重庆人吃火锅的豪放与气吞山河之势是其他地区无法相比的。古老巴渝人勇武豪放性格和饮食文化心理极致地体现在他们的“火锅”江湖里。

就先说锅底吧。重庆老火锅店里没人吃鸳鸯锅，只有火辣辣的红汤，正如重庆人劲爆的脾气和声浪。其次是牛油。足有拳头大，放在“九宫格”的中央一格，在沸腾的红汤中慢慢消融，丝滑的油质散向其他8个宫位，此时正是下箸的最佳时刻。

重庆火锅的菜品有“三拖一”之说，意思是荤菜三元钱一碟、素菜一元钱一碟，离不开毛肚、鸭肠、千层肚、牛肝、郡花等。不能不提“老肉片”，这是重庆火锅特有的，据说是猪的面颊肉。

吃之前，在只放香油和蒜泥的油碟里略加一点老醋，是点睛之笔，鲜香味立即提升至最高境界。吃火锅时不要匆忙了事，老火锅的精髓是锅料里的所有辣椒全都煮开之时，越煮越香辣的滋味才臻至化境。

老荫茶是专配吃火锅喝的一种饮料，去火解辣，只有老店才有足够的功夫煮出如红酒般醇厚的色泽和口感。

重庆人从外地返渝，下车离船或走下飞机，第一件事就是直奔火锅店大吃一顿。吃正宗的重庆火锅，只能在重庆吃，特别是街头巷尾的小店更具风味。在烈日炎炎的夏天，经常可以看到重庆人背后吹电扇，胸前烫火锅，吃得很过瘾的场景。吃火锅就像蒸桑拿，吃的过程大汗淋淋，吃完之后浑身通泰，神清气爽。

外地人到重庆，不管是平常人还是名人明星，不尝尝火锅几乎是不可能的，市民们经常可以在报刊上看到昨天某某大明星躲在哪家小店吃火锅被偷拍的照片。

“麻、辣、烫、鲜、脆”一锅煮，火锅文化代表着城市文化。重庆火锅起源于江边船夫的生活，其文化精髓就是重庆的码头文化。码头文化是一种兼收并蓄、张扬豪放的文化，而重庆火锅就是满足这种文化需求的生活方式，因此它的人气越来越旺，传播也越来越广。吃重庆火锅，关键就在于吃出一种大家乐的气氛，吃出一种无拘无束，自我满足的情景。

饮食培养性格，重庆人耿直和豪爽闻名全国。最著名的应该是重庆球迷吼出的“雄起”一词，是一种男性的呐喊，体现出一种阳刚之气，反映到城市风格上，就是“雄性重庆”。其实，重庆的城市风格更体现在重庆女孩的身上。都说“重庆出美女”，除了貌美，身材好，打扮时尚，重庆女人的美还源于自信、大方和火辣辣的性子。她们张扬着桀骜不驯的个性。见到重庆美女的男人，总会有上辈子就被她征服了的感觉，她们大都口无遮拦，什么话都敢说；爱恨分明，绝不含糊。重庆女人非常能持家，完全不要男人操心。她们很少管制丈夫，总给男人足够的面子和自由。正是因为重庆女人这种宽容与能干和对真汉子的崇拜，才造就了重庆男人爱拼、粗犷、潇洒和义气的品质。有人说：重庆男人的一切都是重庆女人浸润出来的。

有这么一个故事，说蒙古铁骑横扫欧亚，元军下四川，准备夺重庆，然后顺江而下灭南宋，却不料，竟在重庆打了足足36年，屡攻不下，最后被称为欧洲人“上帝之鞭”的大汗蒙哥，在钓鱼城含恨战死。重庆钓鱼城成为了改写世界历史的地方。

豪气、大方、刚健、火爆、坚韧、不屈不挠……重庆，就是这个味儿!

丽江：云上的日子

俄罗斯白银时代的女诗人阿赫玛托娃说：“我死后，请葬我在云上。”

丽江，晴，天蓝得像刚洗过一样；云，团团的，像小囡囡的脸；雪山远远在望，明显是在摆酷。云上的日子，这个时候，你，不自主地也这样想。

云，是云南省的简称。因在云岭以南，故名云南。西汉时设云南县。三国蜀汉时设云南郡。元设云南行省。明设云南布政使司。清设云南省，取全称中的“云”字作为简称。

丽江，在云南省的丽江纳西族自治县，海拔 2416 米，天高云美。很显然，这个地方，注定要和“云”有着千丝万缕的关系。

丽江古城历史悠久，古朴自然。城市布局错落有致，既具有山城风貌，又富于水乡韵味。丽江民居既融合了汉、白、彝、藏各民族精华，又有纳西族的独特风采，是研究中国建筑史、文化史不可多得的重要遗产。丽江古城包容着丰富的民族传统文化，集中体现了纳西民族的兴旺与发展，是研究人类文化发展的重要史料。

大概在10年前吧，“丽江”这个名字，对许多人来说还是“宁静”“古朴”“浪漫”的象征，它让我们想到小桥流水、雕栏画栋、巍峨雪山，以及交错纵横地写满了岁月沧桑的石板街道。可以说，丽江，是许多人难以释怀的一种情结，于是它被列为一个人一生中必去的几十个地方之一。

醒来，在柔软丽江的晨曦里，倚窗而立，小城的上空锦鳞灿云，绯霞映空，流光泄彩，不时地与初升的朝阳相映衬，幽幽绵绵的澄云在变幻的天空中不停地纤缠回梭，花样绞绕。午后悠闲的时光里，放下心头所有的牵挂与烦忧，找一家树荫下的露天酒吧，泡一壶香气浓郁的玉龙山茶，静静地读一本书……

1922年5月9日，美国《国家地理杂志》的特约撰稿人约瑟夫·洛克第一次看见了玉龙雪山，那时他还是一个测量员和标本收集员，这个徒有科学头脑却枯燥乏味的家伙，耗费20多年光阴写就《中国古纳西王国》，尽管里面只有死板的科学数据，可最终，洛克还是被另一个丽江所征服，用诗人于坚的话说：“那是一个遍布神灵的土地，河流有河流的神，山有山的神、水洼有水洼的神，一棵树有一棵树的神……万物有灵，与人共享大地，人们从未想到要测量考察这大地，把它条分缕析，分成不同的块、类、目……大地就是大地、一个混沌，只有神是管辖一切的。”

1949年前，在丽江待了9年时间的俄国人顾彼得曾这样描述纳西人的生活：“看哪，顺着山坡健步而下的是那些鹤发童颜的美髯公。他们手持钓竿，腰挎鱼篓，从他们的欢声笑语判断，他们对当天的享受和收获是心满意足的。一群聚精会神的生意人正对着一束束月季花称奇。那些再过片刻就将从城里买回农具、日用品和小孩子糖果的农夫们，他们坐在城里的小石桥边自得其乐地指点着溪中游鱼。而那些匆忙赶路的白族木匠，斜挎着锯子、斧头，却为高空飞过的白鹤的鸣叫而宁愿停下来进行评论和注释。凝视着玉龙雪山变幻莫测的云，舒适地躺在田埂上的人们，显然是田间歇气的农夫。”

事实上，我们永远也回不到昨天的那场景了。现在的丽江，开始被无数驴友、网友甚至路人甲乙咀嚼得口沫横飞。湿润光滑的条石路、淙淙流过的溪水、大水车旁密密匝匝的许愿风铃、沿街店铺喧嚣的叫卖、夜晚绚丽的灯光、震荡耳膜的舞曲、摩肩接踵的男男女女——在这个边陲古城，空虚和欲望如同相互缠绕的藤蔓，疯狂滋长，无处不在。

当我们怀念当初丽江的古朴时，那往往也意味着闭塞和贫穷。历史上的丽江充满了强大的包容性，不同民族和宗教在这里交汇，最后碰撞和创造出新的文化。对于现代人，丽江就像是一位认识了很久的老朋友，或是一份无法释然的情怀，时间在这里最为廉价，阳光和朋友免费，而只要在丽江居住过，它特有的感觉将伴随你一辈子。从这点上看，丽江自从洛克和顾彼得先后向外人展示过它的容貌后，就从没改变过。

香格里拉：消失的地平线

“太阳最早照耀的地方，是东方的建塘，人间最殊胜的地方，是奶子河畔的香格里拉。”这是美国小说家詹姆斯·希尔顿的小说《消失的地平线》中的描述。

20世纪30年代，四名西方人闯入了神秘的中国藏区，经历了一系列不可思议的事件。飞行员无故死亡，四乘客安然无恙，他们必须找到一座叫香格里拉的喇嘛寺，那里居住着以藏民族为主的数千居民，居民的信仰和习俗各不相同，有 儒、道、佛等教派，但彼此团结友爱，幸福安康。小说中，作者描绘了一个美丽的王国。这个隐藏在中国西南部的净土乐园——充满祥和、宁静和神秘，在那里，三条河流交汇在一起，群山高耸入云，山顶白雪皑皑，脚下深草成茵，覆盖大地。这本《消失的地平线》造就了西方乃至整个世界的“世外桃源”——香格里拉。

香格里拉位于云南省西北部的滇、川、藏大三角区域，地处迪庆香格里拉腹心地带。这个以藏族为主体、地域辽阔、资源丰富的县，是一片人间少有的完美保留自然生态和民族传统文化的净土。

已有1300多年历史的古城独克宗是必去的，这里曾是茶马古道的重要

驿站，也是如今中国藏区藏式民居保存最完整的古城之一。

在藏语里，独克宗意为“月光城”。这座始建于唐代的“月光城”，迄今已有1500多年历史，传说是香格里拉藏族先民按照藏传佛经中香巴拉理想国的模式建造起来的一个城堡。史料记载，独克宗曾毁于明时战乱，之后不断重建和扩建。2000年之前，因长年失修，古城濒临毁灭，为此香格里拉县政府部门开始进行投资改造。经过多年的保护性重建，独克宗的风情文化得到了充分再现，也使这座中国藏式民居最集中的高原古城重现光辉。

历史上，独克宗还曾经是茶马古道贸易中转站，为滇藏经贸发展发挥过重要作用。1936年4—5月，贺龙率领的红军二军团、六军团途径香格里拉并在独克宗古城驻扎停留半个多月，与当地居民和僧人、土司结下深厚情谊，同时播下革命火种。古城大龟山脚下的“迪庆红军长征博物馆”几经重建扩建，现已成为古城文化的一个重要组成部分，每年接待游客超过10万人次。由于在地理、历史和地域民族文化方面的独特价值，2005年年底独克宗被评选为“全国十大风情魅力名镇”之一。

现在，古城里除了每日络绎不绝的过客，还有不少来自域外的常住居民，很多人在寒冷的冬天也不离开。他们大多都是因为迷恋独克宗简朴无为的生活方式才长久定居下来的。

古城的石板路两旁，全是古色古香的藏式民宅院落，里面藏着不少以传统藏式风格糅合现代手法装修的饭馆和酒吧，各具特色，是游人晚上最爱流连的地方。

撒娇诗院是古城里的一个诗人会所。每年冬季，主人默默都会离开回上海，开春之后再回到香格里拉经营他的诗社。他是个有影响的诗人，在诗歌界交游甚广，人气也很旺，所以撒娇诗院就成了各路诗人来到香格里拉后聚首吟哦的唯一场所。有些冬季来这里的诗友自然也找到他客栈里落脚，他们围着炉火，拾掇灵感，往往特别高产。

和其他季节的热闹相比，冬季的独克宗古城明显有些冷清，走动在巷子里的人，挪着慢腾腾的步子，慵懒而且散漫。阳光，是独克宗最富有的资源，照着地上的石板，照着土墙，照着屋面上的松木板，甚至照进那结结实实的木窗里。因此，晒太阳成了每个住在古城里的人的“冬日必修课”。在每条铺满阳光的石板巷道中，有人在做手工，有人在看书，有人在轻声聊天，还有大狗小狗舒舒服服地躺着在打盹，有时也能听到几声不知从何处传来的藏獒的吠叫。冬季的独克宗自然有着它的温馨和特别之处，在海拔3000多米的地方，肤色各异的旅人们围坐客栈里暖暖的炉火旁，他们谈论着各种各样的话题，讲述着各自的故事，说笑声回荡在藏房深处。外表冷清的独克宗藏着别样的热闹。

晚饭过后，互不相识的人们聚在古城中心，围成一个大圈跳起了欢快的锅庄，里三层外三层，手舞足蹈，煞是热闹。舞罢登上古城那座小山，一座足有三层楼高、号称全球最大的转经轮，在夜幕下被灯光照射得通体金黄，庄严而华丽，人们一拨又一拨虔诚地加入合力顺时针推动转经轮的祈福队伍，很是壮观。

神圣的雪山，幽深的峡谷，飞舞的瀑布，被森林环绕的 宁静的湖泊，徜徉在美丽草原上的成群的牛羊，净如明镜的天空，金碧辉煌的庙宇，这些都有着让人窒息的美丽。纯朴、好客的人们热情欢迎着远道而来的客人。这里是宗教的圣土，人间的天堂。在这里，太阳和月亮就停泊在你心中。这就是传说中的——香格里拉。

梅里雪山：不去天堂就去梅里

梅里雪山，不仅是世界著名的“三江并流”地带的一座雪山，不仅是云南第一高峰，不仅有惊人的美，不仅是藏区八大圣山之一。它的神奇，需要用心感受。

在看得见你的地方，
我的眼睛和你在一起；
在看不见你的地方，
我的心和你在一起。

——仓央嘉措

梅里，藏语意为“药王”，所以位于滇藏交界的梅里雪山又叫“药王山”，传说海拔6740米的梅里主峰卡瓦格博就是萨尔王的守护神。梅里雪山雪峰连绵，海拔5000米以上的雪峰有20多座，其中最为险峻雄奇的13座俗称“太子十三峰”。作为藏传佛教的八大神山之一，每年秋天，西藏、四川、甘肃、青海、云南的藏民都会成群结队地来此“转山”，他们相信，不朝拜梅里雪山，死后没有好归宿。

而晨观“日照金山”是造访梅里的重头节目，能看到卡瓦格博真容的人是幸运的。

清晨起来，7点的飞来寺小街已经很热闹，到处都是长枪短炮，抢占着有利地势，只等卡瓦格博掀开面纱。

云缠雾绕啊，我觉得很美，像是戴着大帽子，围了大围脖的老爷爷。可是，很多人很焦急，渐渐地透出遗憾。据说，前一天，也没有看到。

7点25分，有当地人说，不行了，看不到了。很多人开始往回撤，可能是起得太早，需要回去补觉。

就在这个时候，突然，云开雾散。云开始变得很轻巧，围绕在卡瓦格博身边快乐地舞蹈。煨桑台炊烟袅袅，经幡涌动，火红的光逐渐向下蔓延，蔓过山尖，蔓过山腰，蔓过连绵的山脉，整个卡瓦格博都被笼罩在金光中……

一位当地人说，今年以来他还没有看到过梅里这么好的天气呢，你们都是与圣山有缘的人，因为你们的善良，它愿意接见你们，你们幸运之至。

黑塞说："我从不曾把一个人有何信仰视为最重要的东西，我以为最重要的是他毕竟是一个有信仰的人。"于是深信着，每一个亲近过你的人都会感觉吉祥、幸福。

我的心是旷野的鸟，在雪山的眼睛里找到了天空。

岜沙苗族：最后的枪手部落

岜沙苗人仅2000余人，分住在贵州省从江县城南6公里处月亮山麓茫然林海中的5个寨子里。地理上的阻隔和悠久的历史，让这个仅有两千多人的苗族部落拥有了太多的神秘色彩。他们扛着枪穿行于丛林间，他们是几千年前苗族大迁徙途中先头部队的后裔，他们是“中国最后的枪手部落”。

这里的男孩到了18岁的时候，就把头发扎成辫子绑在头顶，称为“户棍”，终生保留。据说这是迄今为止中国所能见到的最古老的男性发式。经过了这样的“成人仪式”，男孩子就可以背枪了，标志着他的人生进入了独立的阶段。

据说，10年前法律规定不能随便佩枪的时候，岜沙人却抵死不从，大有“枪在人在，枪亡人亡”的架势，政府考虑到少数民族的传统就破例允许他们佩枪，但是不允许打猎。其实，岜沙部落虽然有森林，但是早就已经无猎可打，并且岜沙人的枪是祖上传下来的，很多都还是最老式的火药枪，有的甚至都已生锈，根本不具有杀伤力。而且他们生性良善，不会滥杀。离城市又远，并不会对文明世界构成威胁。

岜沙人在乎枪的背后，有着许多历史原因。苗族是个很苦难的民族。历史学家考证，四五千年前，苗族人居住在江淮地区，现在的山东、苏北一带，后来苗族部落首领蚩尤被炎黄部落打败，逐渐

向南迁徙到江南地区，而后又在不断的争斗中逐渐向西南山区迁徙。而岜沙人的祖先就是苗族大迁徙时的先头部队，所以他们至今仍保留尚武的习俗，枪不离身。几百年过去了，枪虽然失去了打猎和自保的意义，但是却成了他们的一种图腾。

澳大利亚史学家格迪斯在他的《山地民族》里就说过，世界上有两个灾难深重而又顽强不屈的民族，他们是中国的苗族和分散在世界各地的犹太族，因为这两个民族的生存和发展，几乎完全是依靠战争和迁徙完成的。在苦难的经历中，他们顽强地生长，并顽强地保留着可标识自己血脉的东西。

枪，是岜沙人的一种固执，是他们的精神信仰。

另外，岜沙人对树有着特殊的感情，每个岜沙的孩子出生后，父母都会为他种一棵树，让树和孩子一起成长。如果这棵树被风刮倒或是被人砍掉，他们会认为这是不祥的预兆。人死之后，家人会用这棵树做棺材。一棵树劈四瓣，正好放进一个人，埋好后在上面种一棵小树，上面挂上死者的衣服，以此代表新生和生命的循环往复。

当然了，岜沙人对树木的崇拜也是有传说的。他们的先祖蚩尤走到这里，是大树给他遮风挡雨，给他提供猎物。有树的地方就有水，就能生存。所以岜沙人说了："只有养不大的猪，没有长不大的树。"

对了，还有岜沙男人的发型——“户棍”，象征一棵参天大树，而周围的头发要随时修剪，而这种修剪，就是我们常常在有关岜沙人的介绍中听到的“镰刀剃头”。

由于岜沙人对树木的爱，这里的生态环境优美，而岜沙人就在这样的环境里过着与世无争的和谐日子。在随处可见的茂密森林里，他们以稻作为主，辛勤耕种。山上离田里特别远。由于山的陡峭，每一块梯田的面积也非常小，耕作的艰辛可想而知。虽然条件艰苦，但每个人脸上都是坦然的微笑。仿佛艰苦是我们这些外来人的，不是他们的。他们已经是这山的一部分，男子虽然个不高，但都如山般刚毅挺拔，女子如树般，扎根在山间又用绿叶替山挡住了狂风暴雨和烈日骄阳。“男耕女织”的田园生活，真正协调的是这种相依为命的默契与眷顾。

其实，岜沙人不是不知道外面的世界很精彩，而是整个民族不约而同地做出了文化的选择。村长告诉我们，也有不少人出去打工，后来都回来了。他们是甘于贫穷吗，我不知道。但从孩子身上可以看到整个民族的特性。这里的男孩子无一例外地都蓄着发，一个骄傲的小男孩得意地告诉我们，他因为读书了，所以可以盘发，其他没读书的男孩子太小尚未盘发。老师们都是短发的外来者，教给他们的也都是中国的教育体系所规定的文化——外来文化。即使是在这样的外来文化浸染下，只要一

读书，男孩子一定会把头发盘起来。其实，这里的长者从不强制孩子们保留自己的传统，岜沙人非常尊重和强调每个人的自我选择，只是耳濡目染下，孩子们已经在呼吸间选择了岜沙人的方式，他们以保留自己的传统为骄傲。

最后想说的是，岜沙村子里的人都姓滚，据说是当年被汉族赶来这穷乡僻壤时的祖先耻于战败的事实，愤然改姓以励子孙之志。

这，就是中国最后的枪手部落。

雍布拉康：有风吹过

那是遥远的1300多年前，西藏王松赞干布震撼唐朝。尽管，当时的唐朝拥有世界最先进的经济文化，可唐太宗崇尚“一桩婚姻就相当于10万雄兵”。于是，16岁的文成公主远嫁西藏，成了松赞干布夫人。

据说，文成公主和松赞干布结婚的地方，就是雍布拉康。

从山南泽当镇出发往南，大概离扎西次日山还有两三里路的时候，公路在一山脚处转一个弯，眼前忽然呈现出一片广阔的平原，平原上一座孤独的城堡耸立在山巅，金色的殿顶和红黑相间的山墙在苍黄的层层山脊上十分惹眼。这就是雍布拉康——“西藏的第一座宫殿”。

其实，雍布拉康所在的扎西次日山并不是很高大，“雍布”在藏语中是母鹿，就是说扎西次日山形状像一只静卧的母鹿，“拉”是后腿，“康”是宫殿，合在一起，雍布拉康的意思就是“母鹿后腿上的宫殿”。“母鹿”这个词听起来就满是温柔、慈爱、安详，在母鹿的后腿上建一宫殿，所以那宫殿也不会高大、险峻到哪儿去。但雍布拉康给人的第一眼印象却往往是很高大、险峻和气势不凡，这可能是由于四周都是旷野和田垄，加上来时一路在河谷山脉之间穿行眼光逼仄，猛然间见平原上一宫殿拔起于山巅的原因吧。

在山脚下了车，沿着碎石的陡坡从正面向这座宫殿爬上去，也可以选择骑马，毕竟这里的海拔已经有3700米了。大概20分钟，就可以来到雍布拉康，回头俯视着雅砻河谷葱茏的绿色，放眼望去，原野是无际的青稞和牧场，间或耸立着一棵棵百年的老树。大地的尽头屹立着延绵的群山，山上也有片片青草绿洲，远映着蓝天白云的萌影，在田野中间是一个个村庄，平顶的藏式房屋在杂乱中却又透着工整和安详，那纯朴小径旁的小院，围着栅栏的青稞架闯入视野，浓郁地散发着乡村的气息。牧场斜坡上的牛马漫游悠闲地啃着牧草，溪水从旁缓缓流过，果香浓郁的果实已挂满了枝头。你想啊，千年前的那些赞普们，当他们俯瞰着脚下这一片奇异而美妙的风光，安详、悠远而且沉静，他们该是什么样的一种心情呢?

然而在历史上，雍布拉康并不如它脚下的土地这般沉静，它曾经是宗教斗争纠结的中心。相传，这里是苯教徒在公元前2世纪为第一代藏王聂赤赞普建造，后来成为松赞干布和文成公主在山南的夏宫，五世达赖时改为黄教寺院。千年的风雨争斗，我们无法用只言片语来描述，只是，我们现在看到的雍布拉康已经不再是千年前的模样，但无论它的外形和内饰如何改变，这座屹立于母鹿山巅的皇宫神殿，一直守护着那些从这里走出的雪域子孙，两千多年来从未改变。

登上这通往雍布拉康的台阶，也就开始了走近一段尘封的藏地历史的历程。

顺着陈年的木制楼梯，登上了雍布拉康的正殿。殿内，历代藏王的雕像和藏传佛教各个神佛塑像显示着雍布拉康独一无二的历史与变迁。

游人不多，两个香客在爬经，轻手轻脚的，一个年轻的喇嘛在念经，并没有被丝毫的脚步声惊扰，诵读不断，头也不抬。一个年轻女孩随意地坐在地上，支着画本在素描，除了偶尔抬头看看面前的“模特”，目不斜视。

一瞬间，觉得安静而美好，我也随意坐下，抱膝听经，听着听着竟不知不觉惬意地闭上了眼睛。幽深山谷的寺庙里，阳光和风无声地在空荡荡的屋檐穿行，时间，飞一般地过去。

不知道你是不是看过电影《2012》，地震引发海啸，洪水漫过大地，高山寺庙的老喇嘛淡然地撞响了钟。那个寺庙的原型就是雍布拉康。

从大殿出来，可以去后山走一走。每一个弯角都是一个不一样的脚步，每一个脚步都是一份不一样的感受。沿着朝圣者踏出的足迹来到这个插满风马旗、绑满经幡的堆垛旁，脚下的路已到了尽头，但经幡却仍在向远方延伸。飘扬的经幡像被三棱镜分隔过的阳光，展露出新鲜的赤橙黄绿。

一只雄鹰打开双翅，几乎是静止地滑过幡旗，溶进山坡后的一片云里。我们追寻着它，费力地爬上山顶，坐在经幡下的玛尼石堆边闲聊，与雍布拉康对望。烈日下挺拔端庄的碉楼吸纳了空气中尖锐的光芒，不动声色地将浑重悠厚的灰色柔光反射给我们，并散发出一股纯正的檀香味，旋绕空中。这种光晕，这种味道仿佛把我拖进了时光隧道，被牵回到她年轻的那个时代，去触摸她悠远的温柔。难不成我也曾为一缕幽云，朝朝暮暮依她绕她千百回？对她那极度的崇爱和似曾相识的亲切强烈地撞击着我，我千方百计搜寻着语言来整理自己的感觉。人是不是真有前世？我相信，如有前世，我一定是在雍布拉康生活过吧。我曾在空中花园里浇花看山下农者欣然播种，曾在迤逦的山路上提醒挑水人别去碰那片娇嫩的小白花，曾在小小的平台上摊晒喷香的青稞，曾在宽圆的石阶上清扫过皓洁的积雪……

已不记清在山巅坐了多久，只看着那天空中的乌云聚了又散，散了又聚，为山下美丽的田野带来了更加美丽的光影。

高山之巅的雍布拉康没有改变，蓝色天幕下的金顶从未失去或增加过那闪耀的光芒，窗台前的青菜和平台上的僧人们所种的各式花卉绽放依然，还有那遍插树苗的山谷黄土，满眼葱绿的大片农田……雍布拉康护佑下的土地是那么的美丽。

从西藏回来后，无意看到了布达拉宫很早期的一张照片，完全不同于现在的模样，空旷的平地上，孤傲的城——那一瞬间，我突然理解了我对雍布拉康的偏爱。

珠峰：在海拔5200遭遇地震

（一）

那一天是9月18号，大概是下午五点半的时候，我们的车爆了胎，还好，包车的师傅花了不到半个小时的时间，以五体投地的姿势换好了胎，我们在寒风中哆哆嗦嗦地上车，继续向前。我习惯性地看了下路边的里程标，77公里，是我最喜欢的数字，前往珠峰大本营102公里的“搓板路”已过大半，希望——隐约在前。

珠峰是我们这次西藏行的最后一站，林芝的小失望，然乌的大堵车，纳木错的雨后彩虹，雍布拉康的悠长诵经，扎什伦布寺的黄昏，亚东的

夜……所有一切，都是旅行途中最美好不过的记忆。上珠峰之前，师傅“恐吓”过我们，说，能在珠峰上睡个好觉是不容易的事，5200米的海拔轻则让人头痛欲裂，重则让人连夜下山。说实话，我们已经做好了有人撑不住就全员无条件撤退的准备。在西藏，事事都得看老天爷的眼色。

天气并不是很好，云层很厚，阴得厉害。过边防检查站的时候下了点雨，天，是很诡异的青紫色。没有了阳光的美妙变化，山，也失去了层次。好在西藏毕竟是西藏，即使不计较光影，随手咔嚓，还是有些神话大片的感觉。

102公里的路，要开上4个多小时，唯一的兴奋点是我们遇到了一支应该算庞大的山地车骑行队，11个英国人，3个尼泊尔人，2辆补给大巴，1个专业教练，3个后勤人员。我们遇到他们的时候，他们在吃午饭，在那个连热水都觉得奢侈的半山上，他们竟然有相当不错的套餐，仔细一打听，已经有后勤保障人员到前面40公里的地方为他们当晚的住宿安营扎寨。原来不远万里跑来珠峰骑自行车，也可以有腐败游。

（二）

之后的那段路，我昏昏沉沉的。开车的师傅怕我高原反应，一直叫我不要睡，然后把车里的音响开到暴大。

一路昏沉，直到车至绒布寺。突然，天光大亮——珠峰近在咫尺。

我不是一个雪山崇拜者，可是你知道吗？当传说中的珠穆朗玛峰在突然的云开雾散中出现在你的面前，不动声色地微微笑，那一瞬间，你仿佛被点亮了。

美轮美奂。

我一直相信，在我们的生命里，总有个瞬间如同有天光照亮，你会知道自己与生俱来的使命，知道灵魂炽热的方式。

就好像多年前在梅里雪山，大雾之后，日照金山的那一刹那，我仿佛在黑夜中被突如其来的手电筒照了个透亮。

那种感觉如出一辙。

我想，我的前生也许是个藏人。

旖旎山路上，有藏族的阿妈背着篓子蹒跚走来，久违的阳光在她的身后拉出一道金色的影子，悠远而安定。

（三）

我们到珠峰大本营帐篷区的时候，已经快七点半了，师傅告诉我们，还可以再往上，花20块钱，坐当地的环保车，4公里。应该不会有人到了这里，却不愿意继续往上了吧？海拔五千以上，每上升一米都是巨大的心理满足。

可当我们坐了车，查了身份证，爬了一段不高却累死人的山路，气喘吁吁地到达观景台的时候，又云飞雾绕起来，珠峰微笑着退回帘子后面去了。

有人跺着三脚架说遗憾，我却觉得没关系啊。见或不见，山就在那里。一动不动，君临着我们所有的喜怒哀乐，不言，不语。

那威严，那神圣，让我竟然觉得自己特别了不起，可以上这么高，这么不害怕。

以前从来没有想过啊，怯懦如我，竟然会一个人去西藏，然后结识一帮五湖四海原本陌路的朋友上珠峰。原来，更多的时候，我们只需要强大自己的内心，小宇宙“忽”地一下就燃烧起来了。那些小担心、那些不确定、那些“怎么办”、那些“为什么”——统统见鬼！

（四）

什么叫饥寒交迫？就是当你看到一桶方便面，恨不得自己就是那滚开的水。

珠峰大本营的帐篷里，飘着暖暖的藏香。我把开水缓缓地倒进老坛酸菜的面桶里……突然，我开始抖，热水瓶里的水洒出来了！

而且，这抖，是我控制不了的！

地震了！

突然，群山怒吼，巨石滚落的声音呼啸而过！

有人惊叫出声，很快，听到周围帐篷里的人都在往外跑。

我竟然不害怕，翻包，把两个手机都找到，揣兜里；仔细地把方便面的盖子盖上捂着；倒了一杯热水，捧在手里，走出帐篷。

这个时候，珠峰大本营已经乱成一团了，据说好几辆4500已经飞奔出去，一辆大巴在边倒车边最后召集游客。

直到那个时候，我竟然什么都没有想，不过，好像也没什么好想的。移动的信号断了，联通早就没信号了，备用的电信小手机竟然信号满满。我开始拨打第一个电话，竟然是我们的新闻值班电话，我自己都有些吃惊，太敬业了，太新闻敏感了，可是，没人接。第二个，我一个好朋友——主打新闻节目的责编，还是没人接。那一刻，我有些紧张了，怎么回事？不会是家里地震了吧？那么远，震感那么强烈，如果是家里，该有多少级啊！不敢打电话给爸妈，怕万一不是反倒惹他们担心我。第三个电话，打给平时接电话很快的闺蜜，接通中，一声、两声、三声……有些煎熬，"喂"听起来很淡定，我长舒了一口气。

这个时候，余震还在继续，不大，倒是山石滚落的轰隆声更吓人，我们离最近的山体不过300米。大本营外面的空地上已经人声鼎沸，所有人都焦躁地拿着手机，急着和家里人联系，急着知道地震的具体信息——可是，没有信号。好像只有我一个人有电信手机。我打了第四个电话，一个对地震有研究的老师，这个时候，弄清楚这次地震的震中、震级、有无大余震应该比什么都重要，老师在忙，隐约知道有大西南方向的预测，具体不清楚，不过可以肯定不会有太大的余震，安慰我放心，并说马上查下情况再打过来。

这个时候，最大震感的地震过去不到4分钟，因为没有确切的消息进来，很多人很慌，吵着要冒险出山。山石还是往下滚，塌方、泥石流——什么都有可能，一些冷静的当地人努力做着安抚劝说工作。我打了第五个电话，我们的新闻主播也是电信的家属，简单说了下情况，告诉她有消息第一时间告诉我，如果需要直播，我可以做连线。二是麻烦她随时关注我的手机话费，如果欠费了，要帮我交钱，保证对外联系。

之后，我把手机交给了身边的藏民，其他的通讯都断了，他们需要听到家里的声音。

冷得很，我回到帐篷里，方便面刚刚泡好，好香、好温暖啊，尤其是又加了一根火腿肠。我大概有七八年没吃过这东西了吧，每次加班到深夜，宁愿饿着，连碰都不想碰，这个时候，成了奢侈的美味。

地震的确切消息还是没有进来，我开始瞎想，是哪儿震了呢？连珠峰都有这么强烈的震感；这里应该是世界上最安全的地方吧？那么高，而且都是帐篷，连房子都没有；嗯，只要不是地壳运动，珠峰应该是很安全的，如果是巨大的地壳运动，地球早完了；会不会是2012的前兆呢？我们是要在这里登船吗？……现在回忆当时的种种想法，真是好玩。

也许，过了十几、二十分钟吧，余震渐渐小了，外面的人们也都受不了冻，陆陆续续地回到帐篷里来，惊魂未定地互相讨论着，我听不懂藏语，但是，能看出来他们的紧张。

方便面吃完了，连味精汤都喝得差不多的时候，我的手机又回到我的手里，还剩一格电。我手揣口袋出去晃了一圈，外面的人明显少了，一些跑了，一些回帐篷了。一场大震之后的安静，格外清透。冷，我的舌尖微微地发甜，是空气的味道。

然后，我看到了绝美的星空，密密麻麻的，像缀在黑丝绒上的宝石，伸手就能摸到。我试图去找小时候书上说的北斗星，牛郎星，织女星……却一不小心，看花眼。

上次看到这么美的星空，是在飞来寺，也是这样的午夜，也是这么冷。

那感觉如出一辙。

我想，我的前生也许是个藏人。

在肥美的藏北草原放牛羊，绕荒芜的高原山湖磕长头，是不是，也曾经在这样的一个夜里，看星星。

（五）

也许是因为冷的缘故，我特别想念纳木错的热甜茶。那天是中秋节，我们买了焰火来放，可惜没放几颗就下起了大雨，屋檐下短暂避雨后，我们冲进一家甜茶馆。那一杯温暖捧在手里，甜在心里。翻大师拍的照片，有一搭没一搭地听一屋子的人闲聊，我竟然觉得前所未有的美好。

没有什么不看会死的风景，在乎的不过是那时的心境。

即使，在珠峰遇到地震，还可以捧一杯热水看星星。这样的心境，我珍惜。

有朋友发短信来，说是印度地震了，那时候的消息还说是7.1级，对西藏影响不大。我决定收了看月亮看星星的矫情，老老实实地回去睡觉。两床被子、一床毯子，有点潮，可钻进被窝就觉得特踏实、特温暖。

刚关了灯没一会，有人掀帘子进来，两个男的，汉语藏语的夹杂着讲了一通，大概意思我听懂了，就是说，他们是当地藏民，十来个年轻小伙子决定今天晚上给大伙守夜，来拿帐篷里剩下的青稞酒，为了取暖也是怕犯困，如果有动静会来叫我们，让我们安心睡觉。

那一觉，到天亮。

（六）

太阳照常升起。

如果不是大伙在三三两两地议论，我甚至要怀疑头晚的地震是不是一场梦。

我们早早地收拾了，下山去。路过绒布寺，看到喇嘛们在寺外支起了帐篷，看来，昨晚他们没敢在寺庙里睡觉。一个年轻的喇嘛跟我说，地震的时候，他们特别害怕，因为在这里11年，从来没有遇到过地震。

同行的有人不解，他们不是参悟佛法吗？为什么会害怕死亡？

我想了想，也许是因为他们对地震的不了解。

一切恐惧，皆因未知。

（七）

车在下山的路上经过一个小拐弯，我突然想起，前一天下午，师傅在这里急刹车，叫道：“岩羊！”果然，一群大概有七八只肤色几近岩石的羊站在路中间。

师傅说，他在这条路上跑了很多年，从来没有见过岩羊。

我们急吼吼地下车拍照，师傅说，轻点，别把它们惊跑。

可是，岩羊没有很快地闪开，定定地看着我们。我们兴奋地一通狂拍。

岩羊缓缓地踱过马路，沿河边跑开，最后，回头望了我们一眼。

现在想起来，岩羊一定是感知到了地震，来给人类善意的提醒。

现在想起来，那最后回头的眼神里满是悲悯。

因为感知，所以感激。

谢谢。

广州：吃在花城

都说：吃在广州。这是对广州人吃的能力的普遍认同。

有人说广州人“吃胆”大，在酒宴上，老鼠、蝎子、蚂蚁、禾虫、秋蝉、龙虱、蚕蛹……正如传说中那样，广州人除了天上的飞机和地上四条腿的家具以外，没有不敢吃的。

有人说广州人有钱，所以，吃得好。这，明显是不了解广州的吃。其实，富人有富人的吃法，穷人有穷人的吃法。真正能体现出“吃在广州”的还是那些草根的吃法，他们收入或许微薄，却也不愿意薄待自己的胃口。我理解的“吃在广州”，应该是广州人一种“民以食为天”的心态或者说是能力。一句话，广州人好吃、肯吃、敢吃，最重要的是会吃。

会吃在广州话里叫“识食”。“识货”的“识”。同是河鲜，“冬鳝春鳊秋鲤夏三鯉”——冬天宜用瓦罐焖大鳝，春天宜吃清蒸鳊鱼，秋天吃姜葱焖鲤鱼，夏季则宜用凉瓜拌三鯉鱼。名堂多吧?

说到广州的吃，不能不提广州的汤。

在广东吃饭有一个习惯，上菜前先上汤。有句俗话叫：“宁可食无菜，不能食无汤。”甚至更有这么一句“不会吃的吃肉，会吃的喝汤”。

广州的汤已经是带着浓郁当地特色的饮食文化，即使没有名贵的汤料，单是几个小时的老火，也足以让汤变得香厚醇鲜。“今天煲什么汤？”是家庭主妇见面聊天必备的话题，老火靓汤，其中的学问实在不少。

广州人煮汤是很浪费的，只喝汤，那些熬得太久的肉等都没人吃，一锅汤往往比一两个菜的价钱要贵，费的工夫要多。

老人家常说：煲得一手靓汤，不愁没出路。因此广州的女人，总是理直气壮地素面朝天。在广州，女人的幸福通行证不能仅靠容貌，还必须兼备精明、务实、美丽于一体。广州女人不是特别爱打扮的一群，美女们从不会为了漂亮而为难自己，很少有爱穿高跟鞋的，她们喜欢舒适的平底鞋、牛仔裤、棉质T恤……要美丽，更要保证舒适，实用主义的时髦观深入骨髓。有人说广州的女孩大多都是“蜜糖排骨”：有着蜜色皮肤，骨感的身材，也以入得厨房，出得厅堂为写照，即使是嫁到广州的外来媳妇，也大多学会了煲靓汤，炒几个家常小菜。

除了汤以外，还有就是糖水。广州人喜欢喝糖水，应该和这里的水质有很大关系，水里含盐高，特别是回潮的时候，水咸得入不了口。有一家著名的玉米糖水，居然把玉米放入水中煮三个小时，倒掉玉米，只喝水。玉米糖水清热，好喝，和绿豆糖水、番薯糖水一起成了夏天最可口的饮品。

每一种食物都有无限丰富的品种，足以让人大开眼界。就说喝粥吧，除了最基本的白粥之外，有肉片粥、牛肉粥、鱼片粥、鱼腩粥、鱼蓉粥、上杂粥、皮蛋瘦肉粥、猪肝粥、猪红粥、猪骨粥、及第粥、艇仔粥、鸡粥、田鸡粥、柴鱼花生粥等等，名目繁多而又确实是各具风味。

吃在广州的另一大特色是早茶和大排档。早上五点，就有阿婆在门外排队，晚了可能就没位子了。早茶可以喝到十一二点很正常，下午三点开始下午茶，下午茶可以到六点结束，夜茶开始是九点，大排档的食客熙熙攘攘起来，可以吃到凌晨。

各式干湿点心，各种新鲜食材，凭君所好，各取所需。同事，亲戚，好友，一边喝吃，一边聊。这里，成了了解广州文化的捷径。

想一想啊，煎、炒、蒸、炸，没有一样来自广州。如果你问我，有什么菜可以代表粤菜。我一定会一时语塞，说不上来。

在广州，问这种问题，叫做幼稚。

不像川菜，一个麻辣火锅就可以流传百年。在广州，今天刚出的新菜，明天可能就已经被人吃腻了。可能，后天，又有新菜式出现了。广州人的嘴巴，永远不会被满足，只有常换常新。

没有固定的菜式，也没有什么经典菜。只有为了满足嘴巴，不断进取。

也许，就是因为这，才能一直“吃在广州”。

走路去吃，开车去吃，呼朋唤友去吃，拖儿带女去吃，总之是去吃！去吃！

桂林：不仅有甲天下的山水

桂林的美，源于山和水的协调成趣，不像北方的大与阔，不像江南的娇与柔，她的美，是一种你我都能够体会的自然美。

桂林的地名，有个美丽的传说。说啊，很久很久以前，桂林这个地方既没有山，也没有水。有一天，天上四位鼎鼎大名的仙女——嫦娥、织女、麻姑和元女，结伴去欣赏瑶池的风光。一路上但见那仙山琼阁，玉树银花，天池荷开，凤鸾和鸣，好一派仙家胜境。麻姑突发奇想说："转了一圈，瑶池不过如此，凭我等的法力，也可造一座出来。" 嫦娥道："说的是，我等不如即刻分头下界，各造一园，看谁技高一筹。" 三位仙女听了，抚掌称妙。于是，麻姑选中了云南省路南县的一个地方，造出一座云南石林来，堪称"天下第一奇观"。织女选中了杭州，造出西湖美景。元女选中了洛阳，拂尘一挥，劈出了龙门石窟，玉手一指，遍地盛开姹紫嫣红、雍容华贵的牡丹。唯有嫦娥，总选不中一处尽如人意的地方。眼看所剩的时间不多了，她焦急地往南飞去。当她来到桂林的时候，只见赤地荒野，无水无山，老百姓生活苦不堪言。嫦娥不觉动了恻隐之心。于是，嫦娥从月宫中取来桂花树种，仙袖一拂，便植下漫野桂花树来。"桂林，桂林，桂树成林。"此后才有了"桂林"这个地名。

民间传说总是要给美丽的山水添上神奇的色彩，其实，据地质研究，大约在三亿多年前，桂林原是一片汪洋大海。由于地壳运动，海沉积的石灰岩上升为陆地，后经风化和溶蚀，终于形成了神姿仙态的峰

林、幽深瑰丽的溶洞和神秘莫测的地下河。这些特殊的地貌与景象万千的漓江及其周围美丽迷人的田园风光融为一体，形成了独具一格、驰名中外的“山青、水秀、洞奇、石美”的“桂林山水”。

在古代，这里是百越之地，战国时属于楚国。秦始皇统一中国后，设置桂林郡，开凿灵渠，沟通湘江和漓江。桂林从此便成为南通海域，北达中原的重镇。

人人都说“桂林山水甲天下”，其实，还有人说“阳朔山水甲桂林”，更有人说“西街风情甲阳朔”，由此看来，桂林，不仅仅有甲天下的山水。

阳朔是个玲珑小县，常住人口两万，每年来这里住的“背包老外”有十万人次，相当于常住人口的五倍，真是神奇。而这十万人次恐怕绝大多数都是流连于西街。

西街是阳朔县城最古老的街道。一条青色的石板路，两排低矮的砖木房，小青瓦、白粉墙、坡屋面、吊脚楼，散发着浓浓的古香。

隋开皇十年设置阳朔县时，县城就只有这条长二百米、宽五米的街道，街上除了几家经营日用品的店铺外，大部分居民是农民。一千多年来，这条小街一直保持着“半是乡村半是店，可为生意可为耕”的半商半农状态。

这种历史状态使西街保持了典型的南方小镇的传统风貌，使西街人形成了城里人的豁达和乡里人的淳朴的双重性格，也正是

这种性格和风貌造就了今天的西街。

20世纪70年代初，桂林阳朔正式对外开放，许多西方游人在饱览了桂林山水后，来到阳朔，无意中走进西街，才发现，在这奇山秀水之中，有一条这么迷人的小街。这些西方人像当年哥伦布发现了新大陆，把对西街的新奇和美好的印象写在了西方出版的旅游指导书上。于是，来西街的外国朋友越来越多。他们有住几天、十天半月的，也有住一年几年的，有的干脆在西街结婚成家。

在80年代初，西街人并没有感觉出老外们的到来与自己有什么关系，他们照常关着临街的大门去种菜、砍柴。整条街上，除一家国营的百货商店和几家集体经营的杂货店以外，只有一家由阳朔县工艺美术厂经营的工艺美术品商店。后来，有人在门口架起一小块木板摆卖些旧物和小工艺品，竟然也发了些小财。这时，西街人才醒了过来。于是，有人把自己陈旧狭窄的屋厅改成了咖啡店、西餐馆；有人把自己宽余的住房改成了具有居家风格又卫生适用的小旅馆；许多西街人还发挥自己的特长，自产自销富有中国传统文化气息的阳朔山水画扇、山水画衫、刘三姐抛过的绣球…… 西街是阳朔的缩影，“西街文化”融合了阳朔乡土文化和西方流行文化。西街成了成了规模庞大的“外语角”，成了中西文化交融的“洋人街”，成了超越地域的“地球村”。

三亚：那年夏天宁静的海

“天涯海角”人头攒动，亚龙湾摩肩接踵，如今的三亚到哪里去寻找宁静的海?

请跟我来，三亚市北部的陵水湾内，距海岸线二点七公里，方圆约一点五平方公里处有一个呈不规则蝴蝶状的小岛——蜈支洲岛。由于这里曾经是军事禁区，如今仍然限制游客的人数，因此自然环境并未受破坏。

蜈支洲岛，原名叫牛崎州岛。相传，三亚有一条河叫藤桥河，由于上游山民刀耕火种，破坏了植被。每逢山洪暴发，山上的泥土经藤桥河流入大海，把清澈透明的海水弄脏。龙王大怒，将此事报告玉帝。于是，玉帝

用神剑将距此地七公里的琼南岭角的山岭截去一段，令两头神牛拖去堵住河口。谁知途中被一樵夫发现，点破了天机，神牛就拖不动了。山岭变成岛，神牛变成两块大石头。因此奇事，此岛得名牛崎州岛。

蜈支洲岛又名情人岛，这个名字的由来，也和这两块大石头有关，还

有一个美丽的传说：很久很久以前，一个年轻人在海上打鱼，突遇风浪把船打翻，将他漂到一座荒岛上。在岛上，他以打猎为生。一天，他到海边打鱼，忽然发现一位美丽的姑娘正在沙滩上拾贝。他到这里这么久从来没有发现过人，她是从哪里来的呢？这时姑娘也正望着他甜甜地笑呢！姑娘主动上前与他聊了起来。原来她是龙王的女儿，因为贪玩跑到岸边。俩人聊得特别投缘，从那以后约定每天在这里见面。日子一天天过去，俩人谁也离不开谁了，后来就在一起生活了。白天一起打猎，夜晚一起在沙滩漫步，过着只羡鸳鸯不羡仙的生活。转眼一年过去了，小龙女想家了，可是她已经离不开小伙子了，但又怕父王知道此事后会怪罪。最后俩人商定，由小龙女回去把此事告诉龙王，请求他成全他们俩，三天后在他们最初见面的地方再重逢。自从姑娘走后，小伙子每天都站在那里盼她回来。三天很快过去了，小龙女还是没有回来。小伙子心急如焚，每天站在海边大声呼喊姑娘的名字。原来姑娘回去以后把她和小伙子的事情告诉了龙王，龙王大怒，下令把她关了起来，不准她再到人间。姑娘日夜思念小伙子，终于有一天趁看守不备跑了出来。龙王很快知道了，在后面紧追不放。眼看着这对痴情男女就要相拥了，在后面紧紧追赶的龙王大怒，大喊一声，用了一个定身术，将两人变成了两座大石头。

千百年过去了，经历了潮起潮落洗礼的两座大石头，依然矗立在那里，静静相望，近在咫尺却远在天涯。

美丽的传说，为这个宁静的小岛增添一分动人的色彩。而蜈支洲岛的命名，是因为这个岛的形状像极了当地渔民称之为“蜈支”的海洋动物。

蜈支洲岛虽然地处较为偏僻，但小岛、蓝天、碧海、白云，互相映衬，秀丽迷人，如一个被遗忘在尘世之外的钻石，楚楚动人。比起三亚，蜈支洲岛的海域更清秀，且毫无污染。海水由透明向碧绿过渡，最后至浅蓝，海水打起的泡沫被阳光映得泛着银光，美轮美奂，海域能见度更是达到了27米，是全三亚最好的。

在蜈支洲岛，即使你并不潜水，而只是沿着沙滩漫步，也能够看见许多碎的珊瑚和贝壳，它们被海浪冲到沙滩上。如果挽起裤腿往深水里走，还能看见各种颜色的珊瑚，漂亮极了。随手翻起一块礁石，经常会发现无数的海胆和一些叫不出名字的软体动物在爬行。黄昏时分，有一群美丽的来自海洋的小生灵在夕阳斜射的海滩上爬行和跳跃。远处，飞鱼在海上翩飞，如白箭闪过，让人产生幻觉。

清澈的海水、细软的沙滩、热情的阳光、绵延的群山、宁静的港湾……有人说，蜈支洲岛是“中国的马尔代夫”。漫步在椰风海韵的沙滩，沙子前所未有的细腻和清凉，于是，脚丫在沙滩放肆着，细沙，勾引着脚底暗藏的欲望，贪恋着脚底的这种快感。从来，没有让脚，那么天然地呼吸……一浪一浪的海水，此起彼伏，淹没了脚丫，不停地拍打着岩石，海浪过后，似乎什么都不可以带走，什么都不可以留下。

生活在大都市的人们此刻早已经把自己的烦恼抛到了九霄云外，每个人都把自己当成了孩童，在那里嬉戏玩耍，把压抑在自己内心的那份童趣瞬间都爆发出来。或许在大都市生活得久了，人们早已经习惯了快节奏的生活，早已经习惯了朝九晚五的生活作息。每每抬起头仰望下天空，对着星星和月亮发呆，都已经觉得是一种奢侈。然而，当你身处在这片蔚蓝的海、湛蓝的天、洁白的沙、瑟瑟的椰林中的时候，那份早已经期待的放松，梦里早已梦到几回的惬意，都得到了满足。

浩渺而又纯净的蓝，海的浩瀚与宁静就是能给人这样的感受吧，远离尘嚣，宠辱皆忘。

诚品：温暖的灯光不打烊

台北101大楼，508米，目前全球最高的摩天大楼。

诚品书店信义总店，1天卖出将近3万本书，叠加起来，大概是3座101大楼。

从1989年台北的第一家诚品开始，全台湾已有50家门市的规模，每年进出诚品书店的人高达550万，年营业额超过100亿台币。

如果说台北的地理地标是101高楼，而文化地标则是诚品书店。

用中文写作的日本作家新井一二三说，“我甚至想过为了诚品迁徙到台湾。”

诚品一名源自古希腊文elite，意指精英。而台北的诚品书店，以它独特的经营方式、独特的书店文化，带给社会大众一种精致高贵的选择，带给这个城市一种体面和尊严。当然，精致高贵指的并不仅是书的包装、书的内容、书的价格，更是一种环境、一种气氛、一种向往。

“诚品书店”坚持推销他们认为的好书，不受市场畅销排行榜的影响，有些书即使在书架上躺了三四个月，无人问津，也决不下架。让“好书不再寂寞”是他们的另一经销理念，诚品的成功，在于他们对读者的信任，所以没有窃书的现象。有人说：“这种信任也培养了台湾民众的高雅，看完一本书，连一页折痕都没有，像新的一样。到诚品书店来已经不仅仅是为了看书，因为这里有一种优雅、睿智的气氛，所以不看书的人也会来，从三岁的稚童到80岁的老翁。”

诚品敦南总店，面积约有1653平方米，全世界唯一一家24小时开业的书店。他们的经营理念是“知识无终点，读书不打烊”。有了诚品书店，嗜好读书的夜猫族不再无处可去，你可以在那里点杯咖啡，喝点冰水，或浅谈聊天，或一人独享时光。如果囊中羞涩，你可以席地而坐，只读不买，看上一天半日，绝不会有人来催促或干扰你。全店的地面一律用实木地板铺就，洁净无尘。只是你需要注意的是，不要因此挡了书架，影响其他读者选书和看书。“诚品”里每个书架的下层隔板上，一律嵌着一条告示声明这一点，你只要在书架前一坐下就会看到，提醒你不要只顾自己。

如果你想看摩登的台北人，请到西门町；如果你想看摩登而又文艺的台北人，请到敦南店。

台北的午夜，霓虹闪烁，寂静的街道已经很少行人，去诚品吧。书店里还是灯火辉煌，在轻音乐缭绕的大厅里，每个书架前，仍有许多顾客徘徊。人们或轻手轻脚，或低声细语，或安安静静地在那儿找自己的书，或坐在地板上一页一页地慢慢揣摩，完全是另外一个景致的世界。进入“诚品”，你会感到有一种无微不至的关怀。

滑板少年们离开傍晚的滑板，粉红男人们备足同性少有的细腻情绪，透明的女孩们带着透明的眼睛，安静地滑进书店，安静地阅读。比如因为影片《不能说的秘密》而成为大众情人的桂纶美，常常会戴着鸭舌帽，帽檐压到够低，轻轻读书，悄悄买单，按照书店规定，店员也决不打扰她。

多年前旧照片上，坐在街头上接近纯洁的白的李敖的情人，在2007年的台北深夜，坐在了书店的木板上。她们把文艺的膝盖曲成弧形，坐着，长发顺着英伦风格的毛线衣垂落，她们看着日本杂志或者朱天文的书，慢慢会阖上眼睛，睡着了，睡梦里她们有自己的密室和世界。

台北的夜在这里特别静谧和妖娆，以书为原点，适度密集的人邂逅、对望、擦肩而后坐定，自由而慵懒的人性在午夜里，由于过于真实，而显得那么不真实。

有这样一家书店，真的是一个城市的福气。

香港：海上不夜城

拉什迪说："城市允许你成为公民，虽然你不是国民"——在世界主义的香港，这句话似乎可以当成注脚。

维多利亚港，星光大道，那个在19:45朝我们微笑的女子，用英语说："别走，不要错过香港最美丽的夜晚。"

有些城市是仅作为过客很难爱上的，——比如拒人千里的匆匆脚步，比如弯弯绕绕纵横交错的街巷，比如面具一般的笑容和分寸拿捏得极好的礼貌。但是会把住上多日的酒店房间当成家，把没有尽责的服务生当做恃宠的管家，不那么急的时候挤叮叮车，急的时候乘地铁、并记住上下扶梯的时候靠右站、留出左侧的快速通道，吃茶餐厅和街坊自家做的蛋挞，喝冻柠檬茶或者鸳鸯奶茶，和每一个碰到的、让我愉快的人交谈，很快我的目光里多了了解，于是开始有人向我问路，我再以多日的行走经验准确地答出来。这时候，这个城市已经从生硬的地图上的铅字，短暂地成了我的生活。

于是，在19:45分，我倚在维多利亚港特有的小斜坡上，香港的灯火璀璨，在我身边次第开放。

香港的港口地理位置优越，是少有的天然良港，其中最著名的自然就是维多利亚港湾。维多利亚港湾地处香港岛与九龙

半岛之间，在这个看似拥挤的海滨，却有着极深的水位，由此这里也成了中国的第一大港，并且还是世界第三大海港，它仅次于美国的旧金山和巴西的里约热内卢。英国人当年占领香港时，正是他们的维多利亚女王在位，所以他们就把这个港湾命名为维多利亚湾，实际上这个名字也是极富有殖民色彩的，但是既然这么叫开了，人们也就习惯了，也就认了。

维多利亚湾的夜景实实在在应该称得上是世界上最美丽的夜景之一了，而维湾最佳的观赏地点就是九龙的尖沙咀与港岛中西区之间的那个位置，那里的海湾很窄，海面宽度只有1000来米。从尖沙咀的海滨观赏对岸灯火辉煌的景致，实在是充满了太多的诗情与画意，那就在这个时候听一听邓丽君的《香港之夜》：“夜幕低垂红灯绿灯霓虹多耀眼……”

随着夜幕的深深笼罩，已经沉浸在夜色中的维多利亚湾显得更加壮观了，维湾畔的所有高楼的灯光几乎全部亮起，黑夜仿佛消失了，整个维多利亚湾乃至香港便被银河般密集的光点所笼罩。鳞次栉比而又错落有致的高楼大厦投射出了五光十色的万丈光芒，这一切已经使得遥远的天空不再

那么黑暗，同时也映衬着脚下的维多利亚港不再那么深沉，尤其是那洒落在维湾中的灯光，使得水面上泛着时明时暗的光亮，海面上折射出了万花筒般的光环，这样别致的风韵实在是天上人间都少有啊。

浅浅的维多利亚湾给香港带来了迷人的景色，却也隔断了港岛与九龙之间的交通，于是便有了往返两地之间的渡轮。

维湾中的最有名的渡轮属于一家“天星小轮有限公司”，他们的渡轮也就理所当然地被称为“天星小轮”。就像有轨电车一样，天星小轮也是香港的一项“古董级”的交通工具。它的起源要追溯至1880年，当时一位名叫 Dorabjee Naorojee Mithaiwala 的波斯拜火教徒创立了天星小轮的前身——“九龙渡海小轮公司”开展其载客渡轮服务，并以一艘名为“晓星”的蒸汽船接载旅客来往于尖沙咀与中环。

1941年，日本进攻香港，天星小轮在炮火下维持渡轮服务疏散那些九龙半岛的难民及军队。随后，天星小轮的服务停顿了三年零八个月，是成立以来最长时期的停业。战火中损失了5艘天星小轮。至1949年，有6艘天星小轮恢复航行。1998年，庆祝天星小轮成立100周年。现为本港唯一获得专利航线经营权的渡轮服务商。

服务香港逾100年的天星小轮，每隔数分钟或十多分钟便有一台开往对岸。每天有400多班次来往于中环、湾仔、尖沙咀及红磡。近30年来，天星小轮虽然面对过海隧道巴士及地下铁路加入竞争，但仍凭其相对低廉的收费及饱览维港海上风光的优势，每天吸引超逾7万名旅客乘搭往返香港岛和九龙半岛两岸。

穿行有轨电车与各类机动车呼啸竞逐的马路，走过喧腾汹涌的人流，跨越横亘高楼和街市之间的天桥，来到天星小轮码头，眼前豁然开朗，海风拂面而来，维多利亚港湾碧蓝澄澈，令人心旷神怡，都市的聒噪、喧嚷顿然远逝。

其实，船在很多人的心目中一直就是容易产生浪漫与故事的地方，与其他现代化交通设施相比，天星小轮显得有些简陋落伍。但是，磨损的地板，木质的坐椅，塑料的挡雨，带响的风扇，轰鸣的马达，带给人往日的心境和一番踏实。从摩登的市区来到天星码头，门前那一排样式古老的雨棚就已经可以让乘客感觉到这种气息。穿过雨棚，进入码头，墙壁上那硕大的电风扇、陈旧的信号灯，以及笨重的铁栅栏门更是让人有种回到上个世纪三四十年代的感觉，甚至会感觉应当有一位身穿中山装，脖子上围着条长围巾，头戴一顶礼帽，就像《上海滩》中的许文强那样的人迎面走来，才配得上眼前的景象。

天星小轮不但得到了过海乘客的喜爱，更是成为了香港的一个旅游品牌，《国家地理旅游杂志》更把乘搭天星小轮游览维港两岸誉为“人生50个必到景点”之一。时任香港政务司司长的曾荫权在2001年还曾经说过“天星小轮已经成为香港的一个标志”，由此也可以看出香港政府对其之推崇。

在两岸越来越密越来越高的楼群之间，在人类新文明荟萃的两岸，古旧的天星小轮忙碌而悠然地穿梭来往，接载着新时代的人们，体验着古老的沧桑和现代的灿烂。香港，这个时尚与传统并存的所在。奢华的名店街，维多利亚港绚烂的夜景，和百年历史的叮当车、绿色的天星小轮一样，是香港人生活的一部分。

天星小轮，就像香港这海上不夜城中的一盏灯，虽然不够华丽，不够壮阔，却明明暗暗都深藏岁月流淌的痕迹。

澳门：寻找伊莎贝拉

她一次次从梦中醒来，发现自己的爱人不见了。

她一次次默默忍受，倾尽了自己所有的好，却总是遭遇遗弃。

伊莎贝拉，葡语里说Isabella，伊比利亚岛的Isabella，那个“对上帝承诺”的女孩。

很多人对澳门产生兴趣，是因为这部电影——《伊莎贝拉》。17岁的少女，青涩的面孔、复杂的内心、旧旧的短裤、修长的双腿，古老的葡式建筑、厚厚的百叶窗、夕阳下的黄昏、媚惑的光影……少女扯直了嗓子呼唤她的狗：伊莎贝拉。一遍一遍，声音在烈日下带着悲伤。青春，无辜，以及洛丽塔式的微微的诱惑味道。舌尖向上，从上颚往下轻轻落在牙齿上，分三步才能念出“洛-丽-塔”。念“伊莎贝拉”需要多一步。这是西班牙女王之名，也是欧洲最罕见和美丽的一种蝴蝶之名，从舌尖轻轻念出来有一种清寡淡然的美。

电影里弥散的文艺范儿，总是挥之不去。那些洋溢着浓浓中国气息的市井街道，那些殖民时期留下来的南欧风情建筑，一直都吸引着众多电影人去取景。那些带着些许昏黄的色彩，好像记忆深处款款而来的熟悉；或者充满浪漫的色彩，好像人们梦想中的天堂，让你惊叹澳门人造物的神奇。

“澳门，一个龙蛇混杂

的地方”——这句话，是《暗花》中的第一句台词。澳门以前是个小渔村，因为当时泊口称为“澳”。第一批葡萄牙人抵达澳门时，问当地人这叫什么名字，居民误以为指庙宇，答称“妈阁”。葡萄牙人以其音而译成“MACAU”，成为澳门葡文名称的由来。在后来的500年时间里，东西文化一直相互交融，留下了许多历史文化遗产，使澳门成为一个独特的城市。

在澳门，多元文化不是结果，是不曾间断的过程，500年的碰撞，绵延不断的融合，现在已经混合成一种难分难解的滋味。它不只体现在城市老区的东西方建筑上，而是巧妙地融入当地人的生活细节里。如果你不熟悉澳门，会觉得这座城市的生活习惯和香港十分相似，如果你仔细品味，就会发现，澳门的美是不同于香港的。没有那么多的繁华、喧闹、富贵、时尚。澳门的美，在于它不动声色的优雅迷人和中西合璧的娴静高贵。

澳门很小，小到一天就可以逛完。澳门很静，静到你走在某些怀旧小巷会恍惚，以为时空交错。却就是在这样的澳门，有一些别致的小巷，能时不时给你惊喜。所以，来澳门一定要逛逛这些小巷，不然你真的白来了。

澳门小巷的命名也直白生动，“斜巷”二字也成了出现频率最高的字眼——“疯堂斜巷”、“水井斜巷”、“兵营斜巷”、“三巴斜巷”等。或许是因为整个澳门都建在岛屿上的缘故，老城的地势起伏错落，于是，这样街道与建筑也随遇而安地绵延开去。

疯堂斜巷，听名字还真有点吓人，不过以前在此地的麻风院早就搬迁了。很多游客慕名而来，却是因为这里是电影《游龙戏凤》中刘德华和舒淇谈情的地方。

恋爱巷，电影《伊莎贝拉》中梁洛施耍酒疯的地方，热恋中的人一定要来走一走，特别是黄昏，就好像脱离了都市的喧嚣，进入了另外一个小世界。

……

在澳门老城里，几乎每一条街巷都有一个属于自己的故事。历史有时就如同老城街巷里用来铺路的鹅卵石和各种形状的石块，这些当年葡萄牙的货轮用来压舱的石头，被巧手的工匠们敲碎了镶在地上，成为一条条寻常的道路。岁月将它们打磨得圆润光滑，在阳光下闪闪发光，却常常被踩着它们匆匆过往的游客们忽略，只有那些有心人在这些看似寻常的街巷驻足，才会感觉到脚下的那份坚实与厚重。

这，就是澳门最有意思的地方。乍一看，没有什么惊天动地的地方，因为，她的特别需要你仔细体味。

澳门居民只有40多万，可是每年能接待数百万的游客。

澳门有“东方蒙地卡罗”之称，出了名的“赌城”，可是本地人却不嗜赌，公务员更是不准进赌场。

澳门缺少土地，却修建了一个规模很大的赛马场。还有世界上绝无仅有的赛狗场，电视台现场直播比赛实况。

澳门体育运动水平不算很高，但却有30多个民间体育总会，300多个运动场，设施先进，还能举办诸如国际马拉松、世界女排大奖赛等大型国际体育赛事。

澳门的居民，主要是中国人，还有几万葡萄牙人，也有土生葡人。这里可听到粤语、英语、普通话和葡语。所以，有人风趣地说，澳门是“一二三四”，一国，两制，三种货币，四种语言。

白天，她很安静，羞答答地躲在阁楼白纱帘的后面，若隐若现。

夜晚，她会偷偷跑到海边的指明灯下买醉，唱一首《小城事》，在纸醉金迷后静静沉睡。

在梦中忘却从她身边经过的、爱过她的人们啊，忘却她不为人知的忧思啊。

她的美丽，总教人遗忘。尽管知道她百般的好。

她包容了一切——中西两种最难相容的文化。